Jens Lüdicke

Backpacker unterwegs: Mein Reise-Sabbatical. Südamerika

Argentinien, Bolivien, Brasilien, Chile, Ecuador, Kolumbien, Peru

Bibliografische Information der Deutschen Nationalbibliothek:

Die Deutsche Nationalbibliothek verzeichnet diese Publikation in der Deutschen Natio-
nalbibliografie; detaillierte bibliografische Daten sind im Internet über http://dnb.d-
nb.de abrufbar.

Impressum:

Lektorat: Veronica Maier, Peter Schmid-Meil

Copyright © 2013 GRIN & Travel

Ein Imprint der GRIN Verlag GmbH

travel.grin.com

Die Idee, auf Weltreise zu gehen

„Wie kommst du bloß auf die Idee, eine Weltreise zu machen?" Das war die häufigste Frage, die mir vor meiner Abreise gestellt wurde und um sie zu beantworten, muss ich etwas weiter ausholen als: „Ich bin heute Morgen aufgewacht und dachte, das sei eine coole Idee!"

Bis 2004 war ich schlichtweg ein Reisemuffel. Ich hatte kein Interesse am Reisen, da ich andere Pläne hatte, zum Beispiel eine Familie zu gründen. Aber in jenem Jahr wanderte mein bester Freund mit seiner damaligen Freundin nach Südafrika aus. Da ich ihn seit dem Kindergarten kannte und er wie ein Bruder für mich ist, wollte ich den Kontakt nicht abreißen lassen. So beschlossen ein Freund und ich, ihn in Johannesburg zu besuchen und fuhren im Anschluss mit einem Mietwagen drei Wochen durch das Land.

Während dieser Zeit machte ich meine ersten Erfahrungen mit Hostels und Backpackern. Diese Art des freien, unbeschwerten Reisens, der Kommunikation, einfach die Lockerheit der Backpacker, zog mich magisch an. In den folgenden Jahren flog ich immer, wenn mein Budget und meine Urlaubstage es erlaubten, zurück nach Südafrika und bereiste auch einige andere afrikanische Länder wie Mosambik, Zimbabwe, Swasiland, Namibia, Botswana, Sambia, Malawi und Tansania. Zuerst nur mit dem Koffer, dann folgten zwei geführte Overland-Touren, bis ich schließlich meinen ersten Versuch als Backpacker wagte.

Während all dieser Reisen traf ich immer wieder Backpacker, die deutlich länger als ich unterwegs waren. Die einen drei, die anderen sechs oder sogar zwölf Monate. Jedes Mal dachte ich: „Super, das möchte ich auch gerne machen – aber wie nur?" Schließlich war ich zu diesem Zeitpunkt schon 35 Jahre alt, bei der Stadt Frankfurt als Beamter beschäftigt und hatte nur 30 Tage Urlaub im Jahr! Ein ehemaliger Kollege brachte mich auf die Idee, dass ich doch ein Sabbatjahr beantragen könnte und das war dann auch der Weg zur Erfüllung meines Traums: Ein Jahr um die Welt! Jedoch fingen mit dieser Lösung die Probleme erst richtig an.

Was ist ein Sabbatjahr?

Kurz und knapp: Ein Sabbatjahr – oder auch neudeutsch Sabbatical – ist eine Art Teilzeitarbeit oder Auszeit vom Job. In meinem Fall wählte ich folgende Variante: Ich erhielt für vier Jahre 75 Prozent meines Gehaltes und arbeitete davon drei Jahre Vollzeit. In den ersten drei Jahren sparte ich jeweils 25 Prozent an, die mir dann während meiner Freistellungsphase (Sabbatjahr) ausbezahlt wurden.

Das erste Gespräch mit meinem Abteilungsleiter verlief allerdings nicht besonders gut. Ich hatte das Gefühl, dass er mein Anliegen nicht ernst nahm und auch nicht verstehen konnte, warum ich das Sabbatjahr beantragte. Es erstaunte mich daher nicht sonderlich, dass er meinen ersten Antrag ablehnte. Im hessischen Beamtengesetz ist zwar ein Sabbatjahr vorgesehen, jedoch kann es aus „dienstlichen Gründen" abgelehnt werden. Ein Jahr später beantragte ich es erneut und es sollte wiederum aus „dienstlichen Gründen" abgelehnt werden. Mittlerweile hatte ich jedoch etwas mehr Informationen gesammelt und zum Glück den Abteilungsleiter der Personalstelle auf meiner Seite, somit wurde es letztendlich doch noch genehmigt. Leider beschlich mich danach das Gefühl, dass ich mich durch meinen Antrag in der Personalstelle unbeliebt gemacht hatte.

Ich merkte also ein Jahr zu spät, dass ein Staatsdiener immer ersetzbar ist und daher aus „dienstlichen Gründen" so gut wie kein Antrag abgelehnt werden kann. Außerdem spart sich die Stadt als Dienstherr ja auch das Gehalt, also wenn das mal keine Win-Win-Situation ist!

Die Entscheidung

Jeder, der sich mit dem Thema Langzeitreisen auseinandersetzt, muss irgendwann die Entscheidung treffen, ob er seine Pläne auch wirklich in die Tat umsetzen will. Das ist im ersten Moment gar nicht so einfach, aber wer zumindest auf Zeit aus dem Hamsterrad des Arbeitsalltags heraus möchte, trägt die Entscheidung meist schon seit Jahren in sich. Er muss sich nur noch der gesellschaftlichen Zwänge entledigen; Materielles und die Vorstellungen anderer dürfen dabei keine Rolle mehr spielen, sonst klappt das nicht.

Ich habe von der Idee bis zu meiner Entscheidung etwa eineinhalb Monate gebraucht. Im Nachhinein betrachtet hatte ich diese Entscheidung aber schon vor Jahren in Afrika gefällt. Viele meiner Weltreisefreunde, die ich im Laufe der letzten Jahre kennengelernt hatte, haben ihren Job für ihren Traum gekündigt. Sie haben ihr Erspartes verbraten und kamen nach ihrer Reise mit der Sorge nach Hause, keinen neuen Job zu finden. Dieses Problem hatte ich nicht, aber dafür laufende Verbindlichkeiten, da ich später mal ein Eigenheim mein Eigen nennen wollte. So musste ich einen Finanzplan aufstellen, um herauszufinden, wie ich Reise und Haus langfristig finanzieren konnte. Für die Umsetzung hatte ich ja drei Jahre Zeit. Mein Erspartes wurde mit härteren Sparmaßnahmen weiter aufgestockt, um bei der Abreise genug Geld in meinen Taschen zu haben.

Die Planung

Mit der Planung könnte ich ein eigenes Buch füllen, aber zu diesem Thema gibt es bereits genug Literatur; auch das Internet hilft in der Regel bei der Reiseplanung weiter. Viele Reisende sind der Meinung, dass eine Langzeitreise mindestens ein Jahr vorbereitet werden muss. Das trifft vielleicht zu, falls jemand überhaupt keine Reiseerfahrung hat, alle anderen lernen von Reise zu Reise. Die Planung ist meiner Meinung nach kein Hexenwerk. Steht erst mal die Finanzierung, gilt es noch folgende sieben Punkte und Fragen zu berücksichtigen:

1. Reise ich alleine oder mit einem Partner?

2. Richten Sie ihre Reiseroute nach der Wetterlage aus. Im Winter nach China oder zur Monsunzeit nach Südostasien zu reisen wäre unsinnig.

3. Wie überwinde ich die Ozeane? Mit einem Round-The-World-Ticket (RTW) oder mit Einzeltickets?

4. Wie sieht meine Packliste aus und wie groß muss und darf der Rucksack sein?

5. Brauche ich eine Auslandskrankenversicherung?

6. Benötige ich darüber hinaus noch eine Heimatbasis?

7. Wie versorge ich mich unterwegs mit Geld?

Zu 1.: 2004 traf ich in Südafrika den ersten deutschen Langzeitreisenden, der mit der Zeit ein guter Freund wurde. Er reiste alleine und erklärte mir, dass Freiheit und Unabhängigkeit eine Weltreise ausmachen würden. Heute kann ich seine Worte nur unterstreichen, denn alleine ist der Reisende fast nie, aber er ist frei und kann seine Entscheidungen von Minute zu Minute treffen. Zu zweit sollten nur Paare reisen. Kommen sie zusammen zurück, hält die Beziehung bestimmt ein Leben lang.

Meine Reise plante ich für mich alleine. Doch dann fragte mich eine junge Frau über ein Forum, ob sie mit mir reisen dürfe. Sie sei noch nie außerhalb Europas gewesen und würde sich so sicherer fühlen. Ich erklärte ihr – sie hieß Katja –, dass sie spätestens nach zwei Wochen den Dreh raus haben würde und alleine reisen könne. Und so kam es dann auch.

Zu 2.: Nachdem ich mir überlegt hatte, welche Länder ich bereisen wollte, stellte ich meine Route zusammen. Allerdings hatte ich einen Denkfehler gemacht, denn ich plante, Ende Dezember nach Osten zu starten, so wäre ich die meiste Zeit bei schlechtem Wetter gereist. Nach einem Tipp von Weltreise-Info stellte ich die Route so um, dass ich im Westen starte und so immer mit gutem Wetter reisen würde.

Zu 3.: Mit der Planung der Route stellte sich auch die Frage nach den richtigen Flugtickets. Einzeltickets haben einen großen Vorteil: Man ist mit ihnen flexibler, aber dafür kann es auch teurer sein als ein Round-The-World-Ticket. Also entschied ich mich für die zweite Variante. Unterwegs kaufte ich mir ab und zu noch ein Einzelticket dazu, falls es nötig war.

Zu 4.: Jetzt kommt die schlimmste aller Fragen: Wie groß darf der Rucksack sein? Ich nehme es vorweg, ich startete mit einem 35 + 5 Liter Rucksack plus einem Daypack. Mit dieser Größe kommt nicht jeder zurecht, aber vor Jahren merkte ich, dass ein 65 + 10 Liter Rucksack in einem völlig überfüllten Minitaxi in Südafrika keine gute Idee ist. Mit der Zeit lernte ich auch, was auf einer Reise wirklich wichtig ist, so dass ich zum Gepäck-Minimalisten wurde. Mein Rat: Nimm so wenig wie möglich mit, aber dennoch alles, was für dich wichtig ist!

Zu 5.: Bei der Wahl der Auslandskrankenversicherung ist neben dem Preis entscheidend, dass ein medizinisch sinnvoller Rücktransport angeboten wird.

Zu 6.: Die Heimatbasis sind vertrauenswürdige Menschen, die mit einer Vollmacht ausgestattet werden, mit der sie einen im Fall der Fälle vertreten, Gelder überweisen oder im schlimmsten Fall Entscheidungen für einen treffen können. Bei mir waren es meine Eltern.

Zu 7.: Das Geld kommt weltweit aus dem Automaten wie zu Hause der Strom aus der Steckdose. Beim Strom achten wir auf den Preis und so ist es auch bei der Wahl der Kreditkarte. Es gibt Banken, die Kreditkarten ausgeben, mit denen man weltweit keine Gebühren an Automaten zahlen muss. Als Backup-Karten sollten aber noch eine EC-Karte und eine Kreditkarte einer anderen Bank dabei sein, falls ein Automat die Hauptreisekreditkarte nicht akzeptiert. Mit diesen drei Karten gibt es weltweit immer Bares.

Jetzt könnt ihr euch noch über solche Sachen wie Kamera (DSLR oder Kompakt), Netbook und andere Gimmicks Gedanken machen. Hier zählt wieder mein Tipp: Haltet das Gepäck so klein und leicht wie möglich! Ich hatte ein MacBook Air und eine Kompakt-Digicam dabei.

Als Herzkranker auf Weltreise?

Die meisten Menschen machen sich um ihre Gesundheit kaum Gedanken und die erst, wenn es (fast) zu spät ist. Bei mir ist das anders: Im zarten Alter von einem Tag stellten die Ärzte bei mir eine Herzerkrankung fest. Den Schock für meine Eltern kann ich nur erahnen, aber an der Tatsache konnte leider niemand mehr etwas ändern.

Es ist nun auch nicht unbedingt typisch, dass ein behinderter Mensch wie ich auf eine Weltreise geht – aber warum denn eigentlich nicht? Ich habe in meinem Leben schon Menschen gesehen, denen es schlimmer geht als mir.

Ich möchte zu Beginn des Buches gerne erklären, wie meine Erkrankung aussieht: Im November 1971 wurde ein Loch in der Herzscheidewand (Septumdefekt), eine Verengung des Muskels unterhalb der Klappe (Muskelverdickung der rechten Herzkammer) und eine Verengung der Klappe der Lungenschlagader (Pulmonalstenose valvulär) erkannt. Die nennt der Kardiologe dann Fallot'sche Tetralogie. Durch die Verengung der Klappe der Lungenschlagader wird der Blutstrom behindert und das frische Blut nicht vollständig in den Kreislauf gepumpt, so dass die Belastung für das Herz höher wird.

Schon in meiner Kindheit war dadurch alles etwas anders als bei meinen Freunden. Es hieß immer „Nur keine Belastung!" oder „Nur nicht anstrengen!". Vom Schulsport wurde ich befreit, sollte nicht höher als 800 Meter über den Meeresspiegel klettern und am besten gar nichts mehr machen.

Mit neun Jahren wurde ich dann am offenen Herzen operiert, denn mit einer Korrektur am Herzen kann ein Jugendlicher oder Erwachsener ein weitgehend normales Leben in den ersten drei bis vier Jahrzehnten führen.

Das Loch konnte bei der Operation geschlossen werden, die Verengung der Klappe der Lungenschlagader aber blieb bestehen. Daher muss das Herz auch heute noch etwas mehr arbeiten als gewöhnlich. Leider hatte ich nach meiner OP auch noch Pech und bekam eine schlimme Entzündung von Herzinnenhaut und Herzmuskel (Endocarditis lenta). Das war direkt nach der Operation sehr kritisch und wiederholte sich im Laufe meines Lebens noch mehrfach.

Aber ich lernte mit dieser Beeinträchtigung zu leben – es blieb mir ja auch nichts anderes übrig. Meine Freunde und meine Familie unterstützten mich damals, das war enorm wichtig für mich. Ich lernte Schwimmen, Fahrradfahren, spielte Handball im Verein und erlebte mit meiner mir zur Verfügung stehenden Kondition ein sehr normales Kinderleben.

Mein persönliches Fazit: Es ist besser, ein Leben zu haben und es zu genießen, als nur aus dem Fenster zu gucken und davon zu träumen!

Abenteuer Frankfurt – Rio

Meine Reiseziele in Südamerika. Quelle: OpenStreetMap und Mitwirkende, CC BY-SA

Es ging nur bis zur Startbahn 18 West

Wieso sollte mein Abflug hier einen Eintrag wert sein? Nachdem ich eingecheckt und mich von meiner Familie verabschiedet hatte, freute ich mich schon auf meinen Notausgangsplatz mit viel Beinfreiheit in der Maschine nach Madrid, die um 7:40 Uhr starten sollte. Aber kurz vor Erreichen der Startbahn 18 West des Frankfurter Flughafens sprach der „Capitano" zu uns: „Wir haben ein technisches Problem mit einem der Bordcomputer. Wir tauschen den hier jetzt aus."

Ok, besser er merkte es vor dem Start als später in der Luft. Nach circa einer Stunde meldete sich „el Capitano" wieder und informierte uns, dass es noch eine weitere Stunde dauern würde und … mal sehen. Lange Rede, kurzer Sinn, nach drei Stunden ging es im Bus zurück zum Terminal. Dort wusste erst einmal keiner, was Sache ist, aber es gab ein paar Nüsschen gratis zum Knabbern. So gegen 13 Uhr verteilten sie dann Essensgutscheine, die bei einer bekannten Fastfood-Kette eingelöst werden konnten. Um 14 Uhr strichen sie den Flug endgültig und alle Passagiere wurden umgebucht. Ich möchte hier kurz anmerken, dass ich bei meinem Weiterflug nach Rio auch auf einem komfortablen Notausgangsplatz gesessen hätte!

Katja, meine Begleitung für den ersten Abschnitt meiner Reise, und ich waren die Vorletzten, die umgebucht wurden. Die nette Dame der Fluglinie Iberia buchte uns auf einen Lufthansa-Flug nach Paris um, von dort aus sollte es dann nach Rio weitergehen. Anschließend erklärte sie uns, dass wir unsere Bordkarte für die südamerikanische Fluglinie TAM in Paris am Check-In-Schalter abholen müssten, da dort ein anderes System im Einsatz sei.

In Paris war der Mitarbeiter jedoch ein wenig verdutzt, als wir eine Bordkarte von ihm haben wollten und das Boarding hatte schon begonnen. Er meinte, dass es keine Bestätigung von Iberia gäbe und das Problem nun über die Iberia-Zentrale in Lyon zu klären sei. Nach 30 Minuten war es dann soweit, wir erhielten unsere Bordkarten und erreichten das Gate circa 10 Minuten vor dem Abflug. Das Positivste nach dem ganzen Stress war, dass beide Flieger tipptopp waren, der Service stimmte und wir sicher in Rio ankamen. Natürlich hatte das noch ein Nachspiel: Iberia bekam einen Beschwerde-Brief von uns, da sie uns nach dem EU-Recht eine Entschädigung für die Unannehmlichkeiten zahlen mussten.

Kurzer Stop in Brasilien

Meine Tour durch Brasilien. Quelle: OpenStreetMap und Mitwirkende, CC BY-SA

Rio de Janeiro und eine fehlende Attraktion

Wir waren also in Rio de Janeiro und womit fange ich jetzt zu erzählen an? Vielleicht mit meiner Nase, denn hier angekommen sprang mein vierter Sinn an und es roch ungewohnt gut. Genau beschreiben kann ich es nicht, aber hier dennoch ein kleiner Versuch: An fast jedem Straßenrand wurden frische Ananas verkauft und es roch, als wenn jemand Duftwasser versprüht hätte. Natürlich duftete es auch nach Grill, Fisch und vielen anderen Sachen – einfach unbeschreiblich!

Unsere erste Nacht verbrachten wir bei David, einem Couchsurfer mit Leib und Seele; er machte es einem wirklich leicht, sich wohl zu fühlen. Seine Wohnung befand sich in einem Viertel namens Santa Teresa. Vor seiner Haustür sollte eigentlich eine kleine Attraktion auf uns warten: die historische Straßenbahn „Bonde". Jedoch geschah im August 2011 ein schwerer Unfall mit fünf Toten, seitdem ist der Betrieb der „Bonde" zeitweise eingestellt worden.

Schade, denn nun heizten dort stattdessen kleine Busse den Berg hinauf, denen jeglicher Charme fehlte.

So ungefähr sieht die „Bonde" aus, die leider nicht fuhr.

Nachdem wir drei Tage lang die Strände Flamengo, Copacabana und Ipanema erkundet hatten, hatte sich Praia do Flamengo als mein persönlicher Favorit herauskristallisiert. Copacabana und Ipanema sind völlig überlaufen, der Sand ist allerdings an allen dreien schön weiß. An der Copacabana und Ipanema präsentieren sich die Schönen und Reichen. Das ist zwar recht nett anzuschauen, aber ich ziehe dann doch den einfacheren Strand vor.

In Rio gibt es an jedem Strand weißen Sand.

Nach der Stranderkundung gab es abends für uns den ersten Caipirinha in Lapa – einem benachbarten Stadtteil von St. Teresa. Der Drink hatte es wirklich in sich und war sehr lecker.

Was ich jedem ans Herz lege, ist ein Besuch der Favelas, den Armenvierteln von Rio. Nur vor Ort kann der Reisende einen Eindruck davon bekommen, wie schwer das Leben dort sein mag. David zeigte uns die Favela „Santa Marta", die für Besucher geöffnet und soweit sicher war. Dort können Touristen übrigens auch ohne weiteres Fotos machen. Mein viertes Sinnesorgan wurde auch in der Favela wieder gereizt, die stinkenden Abwässer laufen dort einfach durch kleine offene Betonkanäle. Die Eindrücke waren intensiv und auf jeden Fall den (kostenfreien) Besuch wert.

Die Favela „Santa Marta" verschafft dem Reisenden einen
Eindruck vom harten Leben in Rios Armenvierteln.

Eine der größten Sehenswürdigkeiten in Rio ist die Christus-Statue Monumento Cristo Redentor auf dem Hausberg Rios, dem Corcovado – zu Deutsch „Der
Bucklige". David meinte, wir sollten gleich in der Früh dorthin gehen, um
schon vor dem Andrang der Touristen-Massen oben zu sein. Als wir die Karten um 9:15 Uhr kauften, bekamen wir eine Fahrt für 13:40 Uhr – so viel dazu.
Das Ganze ist eher eine Tortur, aber eben doch ein Muss. Leider war das Wetter schlecht, so dass uns „der Bucklige" nicht unbedingt seine fotogene Seite
zeigte.

Die Christus-Statue thront hoch über Rio de Janeiro.

Das Highlight des Jahres sollte allerdings noch kommen: die Silvesterparty an der Copacabana. Zuerst fuhren wir alle drei zu einem Freund von David, der an der Lagune von Rio in einem Penthouse wohnte. Auf seinem Balkon feierten wir bis circa 23 Uhr und liefen anschließend in nur 10 Minuten an die Copacabana. Leider regnete es schon auf dem Weg dorthin und es wurde immer schlimmer – ins Wasser fiel die Party dennoch nicht. Wir kämpften uns bis knapp in die Mitte der Copacabana vor und bestaunten um Mitternacht ein Wahnsinns-Feuerwerk, das ganze 20 Minuten dauerte.

Das verregnete, aber wunderbare Feuerwerk an der Copacabana

Nach dem Feuerwerk war auf der Copacabana kein Durchkommen mehr möglich, selbst in den Seitenstraßen tobte das Chaos. Die Menschenmassen zogen sich durch die komplette Stadt. Hunderte von Busfahrern versuchten, durch die Menge zu fahren, um ihre Fahrgäste nach Hause zu bringen. Der Versuch, einen Sitzplatz im Bus zu bekommen, glich einem Selbstmordkommando, und so liefen wir zu Fuß weiter, bis wir ein Taxi fanden.

Trotz aller Unkenrufe, dass Rio gefährlich sei, fühlte ich mich in dieser Metropole sicher. Mir schien der schlechte Ruf der Stadt im Nachhinein eher als ein Klischee der Europäer. Rio ist immer wieder einen Besuch wert!

Die Wasserfälle von Iguazú

Wasserfälle beeindrucken mich immer wieder durch die Lautstärke und Kraft der Wassermassen, die dort herunterstürzen! Die Viktoriafalls in Zimbabwe fand ich auf einer früheren Reise schon eindrucksvoll. Die Wasserfälle von Iguazú verzauberten mich jedoch noch mehr, obwohl sie um einiges leiser als ihre Kollegen in Afrika waren. Die Iguazú-Wasserfälle liegen übrigens genau an der Grenze zwischen Brasilien und Argentinien.

Die Iguazú-Waserfälle in ihrer ganzen Pracht

Ich hatte schon damit gerechnet, dass Iguazú ein Magnet für Touristen sein würde, aber dass dort so viel Trubel herrschen würde, hätte ich nicht gedacht. Es waren tausende Besucher, die morgens vor dem Eingang auf der brasilianischen Seite auf Einlass warteten. Zum Glück verliefen sich die Massen mit der Zeit etwas, aber es standen immer jede Menge Menschen um einen herum.

Beeindruckend, wie die Wassermassen hinunterstürzen.

Der Weg vom Eingang führte entlang des Flusses bis zum großen Wasserfall. Dort wurde ich mit einem tollen Ausblick für den anstrengenden Touristenandrang belohnt. (Aber nur, weil ich noch nicht wusste, was ich 24 Stunden später wusste.) Es war toll, durch die Gischt des Wasserfalls zu laufen und sich von ihr abkühlen zu lassen, denn im Schatten waren es bestimmt 36° Grad.

Auf der brasilianischen Seite konnte ich die Fälle von vielen unterschiedlichen Winkeln betrachten und so wurde es nicht langweilig.

Am nächsten Tag begab ich mich auf die argentinische Seite der Iguazú-Wasserfälle. Dort stellte Argentinien Brasilien völlig in den Schatten: Gab es in Brasilien nur einen einzigen, etwa vier Kilometer langen Weg, gab es auf argentinischer Seite viele Wege durch kleine Wälder. Es ist zwar wie auf der brasilianischen Seite ein National Park (Nationalpark Iguazú) mit bester Sicht auf die Wasserfälle, aber viel idyllischer angelegt. Der „Garganta del Diablo" – so nennt man das Wasserfallsystem – ist der Wahnsinn! Es gibt hunderte wunderschöne Aussichtspunkte auf den vielen Wegen. Also wer diese Wasserfälle besuchen möchte, dem lege ich die argentinische Seite ans Herz – sie ist die bessere Wahl.

Argentinien: Die Hauptstadt und ein Nationalpark im Süden

Meine ersten Ziele in Argentinien Quelle: OpenStreetMap und Mitwirkende, CC BY-SA

Buenos Aires

Die Hauptstadt Argentiniens empfing mich mit wunderschönem Wetter. Aber an der Busstation Terminal de ómnibus de Retiro (central bus station) war erst mal Schluss. Kein Geld, keine Ahnung wohin, aber dann die Erlösung in Form der Touristeninformation, die mir weiterhalf. Mit meinen letzten Pesos fuhr ich per U-Bahn zu einem Backpacker-Hostel, in dem ich übernachten konnte.

Die Stadt war aufgeheizt wie ein Backofen und die ersten Momente waren überwältigend. Jedoch sollte sich dies in den nächsten Tagen legen. Warum? Nun, erstens war der öffentliche Nahverkehr mehr als rätselhaft. Einheitliche

Fahrpläne gab es nicht, da fast jede Linie von einem anderen Unternehmen betrieben wird. Das wäre an sich noch nicht so schlimm gewesen, aber es kam hinzu, dass mir niemand so richtig erklären konnte, welche Linie der öffentlichen Verkehrsmittel wohin fährt.

Außerdem gibt es in Buenos Aires fast nur Einbahnstraßen, sodass kein Bus dieselbe Strecke zurückfahren kann, auf der er gekommen ist. Daneben gibt es fünf U-Bahnen, die aber nicht besonders nützlich sind, da sie nicht das ganze Stadtgebiet abdecken. Das öffentliche Nahverkehrssystem bleibt für den Reisenden in jedem Fall ein Mysterium. Mit dem Hop-On-Hop-Off-Bus konnte ich mir jedoch einen groben Überblick über die Stadt verschaffen. Später erkundete ich Buenos Aires meistens zu Fuß.

Die Stadtviertel La Boca, San Telmo und Palermo

Das Viertel La Boca ist ein wahrer Touristen-Magnet – zumindest der Teil, den man als Ortsfremder betreten darf. Der Rest des Viertels ist zu gefährlich, da hier viele sozial Schwache leben und die Kriminalitätsrate hoch ist. Es lohnt daher nicht, La Boca zu besuchen, auch wenn es die Keimzelle der Stadt ist, in der die ersten Einwanderer siedelten.

Das Viertel San Telmo hielt leider auch nicht das, was alle Reiseführer und Webseitenportale versprechen, ich fand es langweilig. Keine Tangotänzer auf der Straße und die „Künstler-Angebote" – Malerei, Musik etc. – hielten sich in Grenzen. Natürlich gab es kleine Straßencafés, aber ein richtiges Flair hatte dieser Teil von Buenos Aires leider nicht. Sonntags war dort jedoch richtig was los! In einer Straße, die von der Stadtmitte aus quer durch San Telmo führte, war ein Markt mit Straßentango, Musik und vielem mehr. Die Tangotänzer waren nur an diesem Tag dort, das war sehenswert und abwechslungsreich.

Tango in Buenos Aires – wirklich sehenswert!

Im Stadtteil Palermo findet sonntags ein kleiner Markt statt. Das Viertel ist jedoch ansonsten viel ruhiger als die beiden anderen. Beim Durchqueren lagen die Gerüche aus den kleinen Bars und Restaurants in der Luft. Das war eine Verlockung, allerdings sind die Preise hier etwas höher als in San Telmo. Palermo ist in jedem Fall ein schönes Ausgeh-Viertel, denn es gibt viele Bars.

Der Friedhof Recoleta

Der Friedhof Recoleta mit dem Grab von Evita Perón ist wirklich sehenswert, die Gräber dort sehen aus wie kleine Häuser. Sie sind mit wunderschönen Steinmetzarbeiten aus den letzten Jahrhunderten, mit viel Marmor und Prunk geschmückt. Leider gab es auch weniger Schönes zu sehen, denn manche alten Gräber verfallen allmählich, wenn sich keine Nachkommen mehr um sie kümmern. Seit geraumer Zeit versucht die Stadt Buenos Aires die schönsten davon wiederherzustellen und den Verfall zu stoppen. Der Besuch ist wirklich ein Muss – ich kann es jedem nur empfehlen!

Tango in den Milongas

Die Nächte in Buenos Aires können kurz werden, dass bemerkte ich nach dem Besuch zweier Milongas – den so typischen Tanzlokalen Argentiniens. Ich bin zwar kein Tango-Fan und der deutsche Tanzschulen-Tango, den ich vor Jahrzehnten mal gelernt habe, wird dort nicht getanzt. Der original argentinische Tango ist viel lebendiger und hat seinen eigenen Reiz. Beim Zuschauen verging für mich die Zeit wie im Flug.

Eine Tango-Show in einer Milonga in Buenos Aires ist sehenswert.

Zu jeder ersten Reise nach Buenos Aires gehört auch der Besuch einer Tango-Show. Die Tänzer und Musiker waren klasse und nach einer kurzen Eingewöhnungsphase kam auch bei den Besuchern Tangostimmung auf, so dass die 1,5 Stunden sehr kurzweilig waren. Danach wollten wir noch etwas in der Bar 878 trinken, allerdings war dort Sonntagnachts so gegen 1:00 Uhr nicht mehr viel los. Also traten wir den Heimweg mit dem Bus an. Übrigens: nach einer Woche in Argentinien klappte es auch schon ganz gut mit den öffentlichen Verkehrsmitteln.

Meine Erwartungen an Buenos Aires waren hoch gewesen – vielleicht zu hoch. Es war mir jedoch schon öfter passiert, dass eine Stadt oder ein Ort mir erst auf den zweiten Blick zusagte. So würde es bestimmt auch mit Buenos Aires sein. Irgendwann würde ich noch einmal in die Stadt des Tangos zurückkehren. Und wer weiß, vielleicht ist es Liebe auf den zweiten Blick?

Am Ende der Welt – Ushuaia

Nächstes Ziel: Ushuaia

Katja hatte sich in Buenos Aires von mir getrennt, um vorerst alleine weiterzureisen. In Santiago de Chile wollten wir uns allerdings wieder treffen. So flog ich alleine weiter – es ging erster Klasse nach Ushuaia. Das ist die südlichste Stadt Argentiniens und sie grenzt an den sogenannten Beagle-Kanal, der Atlantik und Pazifik verbindet. Ich hatte für meinen Flug zwar ein Upgrade bekommen, aber der Service war trotzdem so schlecht, dass die Holzklasse vermutlich besser gewesen wäre.

Mein Ziel war es, den Gletscher Martial zu besteigen und die tolle Aussicht auf Ushuaia zu genießen, aber leider spielte das Wetter nicht so richtig mit – die Wolken wollten nicht weichen. Auch war der Gletscher weniger beeindruckend als ich dachte, da das Eis durch den Klimawandel schon reichlich weggeschmolzen war. Auf meine Kosten kam ich dennoch, denn die Natur auf dem Weg zurück nach Ushuaia war wunderschön.

Die wunderschöne Flora auf dem Weg zurück nach Ushuaia

Dieses Erlebnis wurde aber noch getoppt und zwar durch meinen Besuch im Nationalpark Tierra del Fuego. Bei meiner achtstündigen Wanderung dort kam ich aus dem Staunen nicht mehr heraus. Die Luft, das Wasser, die Wälder und die Berge bildeten eine fantastische Kulisse, in die ich eintauchen durfte. Da mir die Worte fehlten, fing ich alles in Bildern ein, auch wenn diese die Realität nicht so richtig wiedergeben können.

Die Wanderung durch den Nationalpark Tierra del Fuego war einfach wunderbar.

Am folgenden Morgen gegen 4:30 Uhr ging es dann weiter nach Punta Arenas in Chile.

Chile: Auf dem Weg zu den Türmen des blauen Himmels

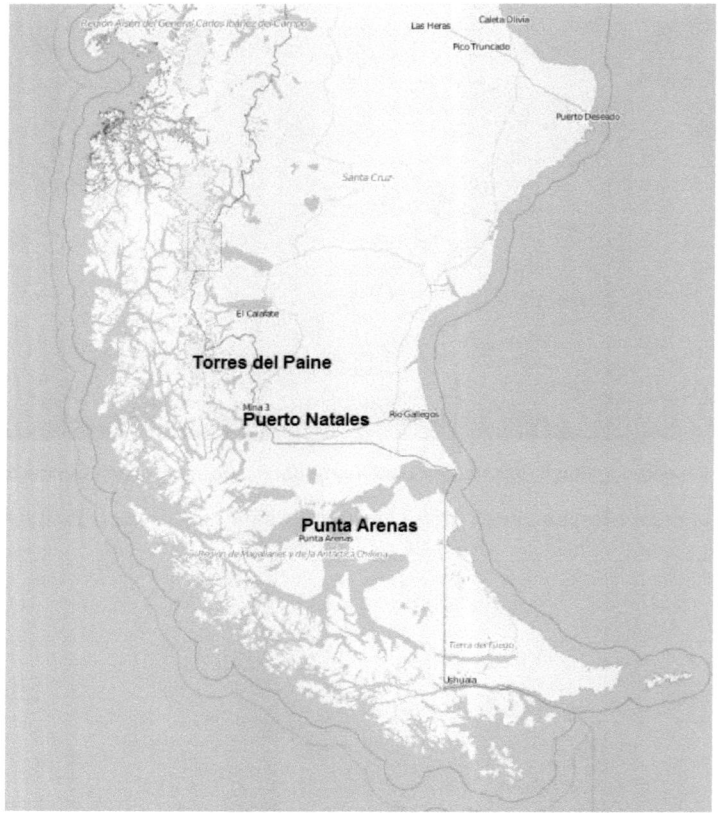

Chiles Süden Quelle: OpenStreetMap und Mitwirkende, CC BY-SA

Entlang der Magellanstraße nach Punta Arenas

Die Küste entlang der Magellanstraße.

Der Bus brachte mich entlang der Magellanstraße (die mehr einer Schotterpiste als einer Straße ähnelt) innerhalb von 12 Stunden nach Punta Arenas. Leider gab es dort abgesehen von der Plaza de Armas nicht viel zu sehen, die Stadt ist nicht besonders schön. Die Hauptattraktion der Gegend sind die beiden Pingu-in-Kolonien Seno Otway und Monumento Natural Los Pingüinos. Die Vögel leben wild auf den Felsen am Meer und auf der Isla Magdalena. Der Besuch war mir jedoch zu teuer, also buchte ich für den nächsten Tag ein Busticket nach Puerto Natales, wo es zum Wandern gehen sollte.

Das Zentrum von Puerto Arenas mit dem Magellan-Denkmal auf der Plaza de Armas

Puerto Natales: Das Sprungbrett zum Torres del Paine

Pureto Natales war mein „Base Camp", um in den Nationalpark Torres del Paine zu kommen. Ich übernachtete in einem netten Hostel namens Erratic Rock Hostel. Dort gab es jeden Tag eine kostenlose Fragestunde über das Wandern im Nationalpark. Sie wurde von einem Guide abgehalten, der einem erklärte, dass man zum Beispiel das Wasser aus den Flüssen bedenkenlos trinken kann und vieles mehr. Die Stunde war Gold wert, denn dort bekam ich alle Informationen aus erster Hand.

Später fand ich mich in der dortigen Reiseagentur wieder, bei der ich sogenannte Refugios – eine Art Berghütte – reservieren wollte, um nicht zelten zu müssen. Die Hoffnung, in einem Bett schlafen zu können, wurde mir allerdings schon während der Fragestunde genommen, da laut Guide bis zum 27.01. alles ausgebucht war. Naja, der nette Mitarbeiter der Reiseagentur nahm meine Wünsche trotzdem auf, obwohl auch er meinte: „Hm, bis Februar ist alles ausgebucht". Um ganz sicher zu gehen, rief er in den verschiedenen Unterkünften an und dann geschah das Wunder: „Ja, alles klar, alle Nächte in den Refugios sind reservierbar und in zwei Stunden bekomme ich die Bestätigung." Tja, warum sollte ich nicht auch einmal Glück haben? So buchte ich vier Übernachtungen und es ging fünf Tage zum Wandern in den Nationalpark. Nachteil der ganzen Sache: Ich war jetzt ein armer Jens.

Am nächsten Tag begann ich mit den Vorbereitungen: Wäsche waschen (lassen), für die selbstgemachten Kraftriegel einkaufen – bei mir wurden es eher Kraftbälle – und einen Schlafsack besorgen. In den Refugios gibt es nur Matratzen mit Laken, daher geht es nicht ohne. Nach den Erledigungen unternahm ich noch einen kleinen Rundgang durch die Stadt. Anschließend packte ich meinen Rucksack um und gab die übriggebliebenen Sachen im Hostel zur Aufbewahrung ab. Am nächsten Morgen würde es losgehen.

Energie fürs Wandern: Meine selbstgemachten Kraftbälle

Der Nationalpark Torres del Paine

Es war einige Jahre her, dass ich Bilder vom Nationalpark Torres del Paine auf einigen Reiseblogs gesehen hatte. Damals dachte ich sofort: Da muss ich hin! Nun war die Zeit gekommen, vier Nächte und fünf Tage wollte ich dort wandern. Durch mein Buchungsglück bei den Refugios konnte ich mir das Schleppen des Zeltes sparen, mein Rucksack wog mit seinen gut acht Kilogramm ohnehin genug.

Der Torres del Paine – hier würde ich die nächsten Tage und Nächte verbringen.

Das Wandern im Nationalpark war nicht mit deutschen Verhältnissen zu vergleichen. Die Wege waren voller Steine und verliefen in den meisten Fällen eigentlich immer nur rauf und runter. Zum „Einlaufen" entschied ich mich am ersten Refugio für einen leichten Weg mit nur wenig Steigung, die Strecke führte mich fast bis zum Ort Seron. Allerdings drehte ich nach guten sieben Kilometern wieder um, denn die Sonne brannte und bei blauem Himmel waren es bestimmt 25° Grad. Schon fast zu warm, um mit dem dicken Rucksack unterwegs zu sein.

Am folgenden Tag brach ich nach Los Cuernos auf. Da wegen eines Brandes ein riesiger Teil im Süden des Parks gesperrt war, herrschte dort Hochbetrieb. Hier mussten alle Wanderer für zwei Tage übernachten, wenn sie in das French Valley wollten – so wie auch ich. Die elf Kilometer nach Los Cuernos über Steine, Bäche und mit ein paar schönen Anstiegen bewältigte ich in knapp fünf Stunden.

Am dritten Tag wanderte ich weiter in das French Valley, um die Torres del Paine (Türme des blauen Himmels) von der anderen Seite zu sehen und einen der beeindruckenden Gletscher zu bestaunen. Beim Loslaufen war das Wetter noch schön, es gab nur ein paar Wölkchen am Himmel. Das sollte sich jedoch auf halber Strecke radikal ändern: Erst nieselte es, am ersten Aussichtspunkt fing es an zu regnen und es kam ein kräftiger Wind auf. Auf den nächsten fünf Kilometern zum zweiten Aussichtpunkt wurde der Regen immer stärker und es begann zu hageln. Etwa 700 Meter vor dem Ziel – die Türme hatte ich schon im Blick – zog ein derartiger Orkan auf, dass ich fast umgeweht wurde und leider den Rückzug antreten musste. Petrus belohnte mich jedoch mit einigen Fotos als die Wolken kurz aufrissen und ein paar Sonnenstrahlen durchließen. Der Rückweg wurde zur Qual; total durchnässt fror ich die meiste Zeit und die Steine auf dem Boden waren durch die Nässe gefährlich rutschig geworden. Nach 20 Kilometern kam ich dann völlig erledigt im Refugio an und ging kurze Zeit später ins Bett.

Die Torres del Paine

Nun brach Tag vier meiner Wanderung durch den Nationalpark Torres del Paine an und es ging von Los Cuernos zum Campamento Chileno – laut meinen Informationen ein einfacher Weg. Allerdings nur, wenn man ihn in die entgegengesetzte Richtung lief, wie sich herausstellte. Die Strecke war wie immer wunderschön: Das Grasland, die Seeufer, die Flechten und Moose, alles bezauberte mich.

Die wunderschöne Landschaft auf dem Weg von
Los Cuernos nach Campamento Chileno

Gegen Mittag erreichte ich Chileno. Dort begann es zu regnen und der geplan-
te Aufstieg zu den Torres schien für diesen Tag erst einmal gescheitert zu sein.
Jedoch machte ich mich mit James, der mit seiner Frau schon seit Wochen auf
meiner Route reiste, gegen 15:00 Uhr dennoch auf den Weg. Wir schafften es
auch, aber ich dachte auf den letzten Metern, ich müsse vor Erschöpfung ster-
ben. Schließlich waren es alleine gute 13 Kilometer von Camp zu Camp und
nun noch einmal vier Kilometer hoch zu den steinernen Türmen und wieder
zurück. Am Ziel war ich glücklich und stolz auf meine Leistung, auch wenn
mein linkes Knie schmerzend protestierte.

Nach Erreichen der Torres musste natürlich ein Beweisfoto her.

Der letzte Tag begann mit dem Abstieg nach Las Torres und die fünf Kilometer brachte ich trotz Knieschmerzen in lockeren zwei Stunden hinter mich. Dort durfte ich dann noch drei Stunden auf den Bus warten, bis ich zurück nach Puerto Natales kam.

Mein Fazit: Der Nationalpark Torres del Paine bietet wahnsinnige Ausblicke. Ich empfand es wie eine Mischung aus den Alpen und den Drakensbergen in Südafrika. Die Weite, die Seen und die Berge sind ein Genuss für jeden Naturliebhaber. Ein Wunder der Natur!

Ins argentinische Eis

Auf zum Perito Moreno Glacier. Quelle: OpenStreetMap und Mitwirkende, CC BY-SA

Perito Moreno Glacier

Nach meiner Rückkehr ins Land des Tangos fand sich ein weiteres Naturwunder fast vor meiner Hosteltür in El Calafate: Ich startete früh morgens zum Wandern auf dem Perito Moreno Gletscher. Er ist etwa 30 Kilometer lang und 74 Meter hoch, rund 250 Quadratkilometer groß und mündet in den Lago Argentino. Das Besondere an ihm: Er gehört zu den wenigen Gletschern, die auch heute noch wachsen.

Ein toller Ausblick auf den Gletscher

Die Front-, Süd- und Nordseite des Gletschers sind für Wanderer zugänglich, aber leider war meine Zeit zu knapp, um alles abzulaufen. Zunächst ging es mit dem Boot an der Südseite vorbei, um den Gletscher zu erreichen.

Der Gletscher in seiner ganzen Pracht

Dieser Gletscher liegt direkt neben einem Wald, das gibt es nur hier. Zwischen Wald und Gletscher wanderte ich eine Stunde bergauf, bevor die Crampons (Spikes) unter die Schuhe kamen, um besseren Halt auf dem Eis zu haben. Es war wärmer, als ich es erwartet hatte, ich schätzte so ungefähr 8° Grad.

Bei näherem Hinsehen werden die verschiedenen
Blau-Schattierungen des Gletschers sichtbar.

Mit den Crampons ging es dann knappe 3,5 Stunden über das Eis und meine
Erwartungen wurden übertroffen. Daran hatte auch das Wetter seinen Anteil,
denn der Wind hielt sich zurück und die Sonne lachte. Da ich diese unwirkli-
che Welt mit ihren unterschiedlichen Blautönen nicht beschreiben kann, habe
ich viele Fotos geschossen. Leider geben auch sie die Wirklichkeit nicht so
richtig wieder, schaut euch das am besten live an!

Die Osterinsel und Chiles Hauptstadt

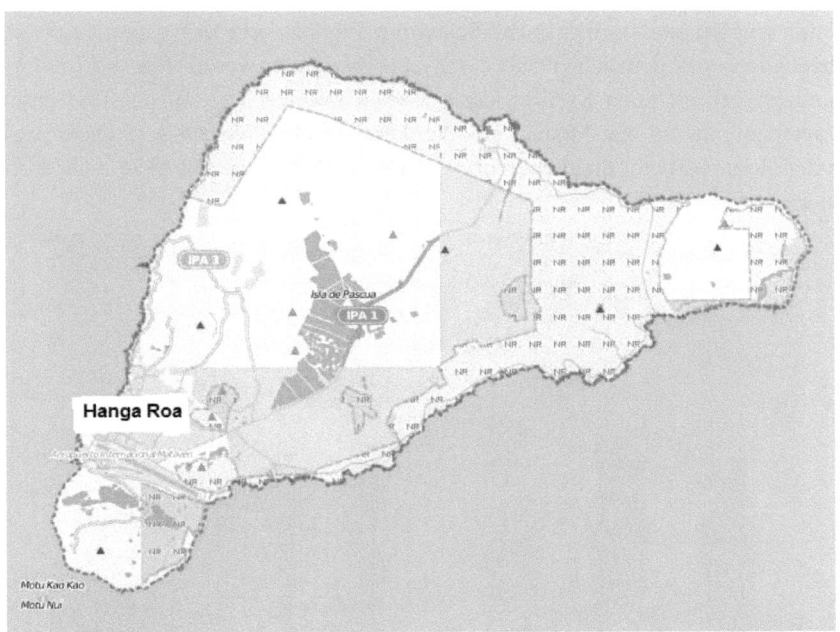

Die Osterinsel Rapa Nui. Quelle: OpenStreetMap und Mitwirkende, CC BY-SA

Rapa Nui

Als nächster Programmpunkt meiner Reise stand die berühmte Osterinsel Rapa Nui auf dem Plan, der Flug ging von Puerto Arenas in Chile 3.500 km nach Westen. Das Eiland empfand ich als etwas Besonders, da es mehr als 2.000 km von jeder anderen Insel oder Landmasse entfernt einsam im Meer liegt. Leider war es dort sehr teuer, da alles per Schiff oder Flugzeug dorthin gebracht werden muss. Ich hatte mich bei meiner Ankunft auf der Osterinsel gleich willkommen gefühlt, da schon der Flughafen etwas Heimeliges ausstrahlte. Der Airport war klein und die Wege daher kurz. Nach circa 15 Minuten Fußweg hatte ich schon mein Domizil für die darauffolgenden Nächte erreicht, ich hatte den Tipp über einen meiner Kontakte vom Weltreiseforum bekommen.

Es war eine einfache, private Unterkunft für 10 Euro die Nacht, ohne fließend warmes Wasser.

Den Ort Hanga Roa hatte ich innerhalb einer Stunde besichtigt und im kleinen Hafen wurden an diesem Tag die Schwimm-Wettbewerbe des Tapati-Festivals abgehalten, von dem ich gleich noch mehr berichten werde. Für die Inselerkundung gab es einen Scooter, der mich am zweiten Tag auf der Insel zum Sonnenaufgang zu den Moais von Ahu Tongariki brachte. Diese Anlage liegt in der Hotu-iti-Bucht und beherbergt 15 dieser Steinriesen, für die die Osterinsel so bekannt ist.

Die Moais bei Sonnenaufgang

Die Fahrt dorthin war nicht ohne, da man auf der Strecke auf eine Menge Hindernisse in Form von Schlaglöchern, Kühen und Hunden traf, die im Halbdunkel kaum zu sehen waren. So düste ich an diesem Tag von einem Moai zum nächsten und wunderte mich über diese steinernen Riesen. Welche Bedeutung hatten sie? Warum wurden so viele von ihnen umgeworfen und wie haben die Erbauer diese Dinger nur transportiert? Aber schön sahen sie aus!

In Reih und Glied zeugen die Moais von der Vergangenheit Rapa Nuis.

Das Tapati-Festival

Da jedes Jahr Anfang Februar das sogenannte Tapati-Festival auf Rapa Nui stattfindet, war während meines Aufenthaltes dort viel los. Das Festival war wirklich ein Highlight! Die Einheimischen feiern bei diesem Fest seit 1966 die Kultur ihrer polynesischen Abstammung.

Während der Feierlichkeiten finden unterschiedliche Wettkämpfe statt, wie zum Beispiel Schwimmen, Reiten, Singen, Tanzen, Schneidern und Schnitzen. Die Show auf der großen Hauptbühne des Festivals versetzte mich ins Staunen: Es war alles so anders als in Europa, die Tänze, die Musik, die Kultur – einfach ungemein beindruckend. Der Abstecher auf die Osterinsel war schön und sehr interessant, ich möchte ihn nicht missen. Goodbye Easter Island, der Flug in die chilenische Hauptstadt wartete auf mich.

Santiago de Chile

Chiles Hauptstadt Santiago de Chile. Quelle: OpenStreetMap und Mitwirkende, CC BY-SA

Meine Ankunft in Santiago war etwas chaotisch. Ich wollte bei Pablo übernachten, der an diesem Tag selbst erst mit seiner Familie aus dem Urlaub in Viña del Mar kam – allerdings war ich vor ihm da. So wartete ich vor seinem Haus, bis er endlich ankam. Pablo war ein Couchsurfer, der bereits bei mir zu Hause in Frankfurt übernachtet hatte, also kannten wir uns bereits. Mit ihm zog ich dann durch die riesige Stadt und schaute mir ein paar Plätze und Gebäude an: den Präsidentenpalast, den Cerro Santa Lucía und den Mercado Central, die Markthalle. Den Besuch von Großstädten finde ich eigentlich nicht so prickelnd. Auch Santiago bildete da keine Ausnahme; das merkte ich schon daran, dass ich kaum Fotos schoss.

Der Cerro Santa Lucía

Eines meiner wenigen Bilder aus Santiago de Chile: Berittene
Garde vor dem Präsidentenpalast.

Die darauffolgende Nacht wurde zum Tag, da Pablo seinen Geburtstag zu Hause mit einer Party feierte, die fast bis sieben Uhr morgens dauerte. Nach dieser kurzen Stippvisite in Santiago ging es mit dem Bus weiter Richtung Norden. Wohin genau, würde sich erst am Busbahnhof herausstellen.

Außerdem wollte ich Katja – wie geplant – an einem Busbahnhof abholen, wusste jedoch ihre grobe Ankunfts-Uhrzeit und sonst nichts. Was soll ich sagen, ich war an zwei Busbahnhöfen, der eine hatte „nur" circa 45 Abfahrtsstellen, der zweite (Central) ungefähr 90. Und das noch im 1. Bus-Obergeschoss, denn es gab wie in einem Parkhaus mehrere Ebenen. Der Wahnsinn, so etwas hatte ich noch nicht gesehen! Übrigens kam Katja am dritten Busbahnhof von Santiago an…

Natur und Karneval: Ein letzter Besuch in Argentinien

Mein letzter Besuch in Argentinien. Quelle: OpenStreetMap und Mitwirkende, CC BY-SA

Kein Rafting in Mendoza

Katja und ich wollten von Santiago aus nach Mendoza in Argentinien fahren, aber vom zentralen Busterminal fuhr leider kein Bus dorthin. Also ging es zum nächsten Busterminal. Dort angekommen waren alle Plätze nach Mendoza für diesen Tag ausgebucht. Was nun?

Gleich nebenan gab es ein weiteres Busterminal, bei dem wir unser Glück versuchten. An jedem Schalter das Gleiche: „Nein, leider gibt es heute nichts mehr!" Aber manchmal meint es das Schicksal auch gut mit einem: Irgendein Mitarbeiter einer kleinen Busfirma bekam unsere missliche Lage mit und eröffnete uns, dass wir in zehn Minuten mit einem ihrer Busse noch mitfahren könnten. Der Preis war auch um einiges günstiger als erwartet und der Bus dafür etwas kleiner. Also kauften wir schnell unsere Tickets und eilten zum Abfahrtsort. Dort wartete dann ein heruntergekommener IVECO Daily mit 16 Sitzplätzen auf uns. Während der Fahrt bekreuzigte sich der Fahrer des Busses immer mal wieder, da der Motor ständig ausging. Als wir über den Pass in den Anden (3.800m) fuhren, streichelte er auch immer wieder sein „Gebetstuch", das am Rückspiegel hing. Sehr vertrauenerweckend!

Unser klappriges Vehikel nach Mendoza

Die Strecke über die Passstraße „Paso de la Cumbre" war wunderschön, vor allem in den Bergen. Kurz nach 21 Uhr kamen wir in Mendoza an und suchten uns dort erst einmal eine WLAN-Zone am Busbahnhof. Katja hatte kurz vor der Abfahrt noch ein paar Couchsurfer-Anfragen versendet, und tatsächlich hatte sich einer davon gemeldet, sein Name war Daniel. Er holte uns mit seinem Bruder am Busbahnhof ab und wir fuhren zusammen in ein wunderschönes Haus mit einem herrlichen Garten. Wir aßen mit ihnen und ihrem Papa noch spät zu Abend, bevor der Tag sein Ende fand.

Am nächsten Tag wollten wir in der Nähe von Mendoza eigentlich zum Rafting gehen. Davor stand allerdings noch eine kleine Weinprobe in der Bodega Navarro Correas an, der Wein war ausgezeichnet – das Weingut produzierte allerdings auch fast nur Edelweine. Anschließend war es fürs Rafting leider zu spät und so fuhren wir zusammen mit Daniel und seiner Cousine ungefähr 50 Kilometer vor die Stadt zu einem Stausee zum Schwimmen. Am Abend bereitete ich meinen berühmten, leckeren Nudelsalat zu, dazu gab es noch ein erstklassiges Asado, eine Art argentinisches Barbecue.

Leckerer Wein in der Bodega Navarro Correas

Am dritten Tag wollten wir abends weiterfahren und kauften uns Busfahrtkarten nach Salta. Nachdem das erledigt war, starteten wir einen zweiten Raftingversuch. Leider war es schon wieder zu spät (10 Uhr vormittags) und so versuchten wir die Busfahrt um einen Tag zu verschieben, mussten aber leider feststellen, dass dies mit einem saftigen Preisaufschlag verbunden gewesen wäre. So entschieden wir uns schweren Herzens, das Rafting in Mendoza ausfallen zu lassen und es ging in einer knapp 20-stündigen Fahrt weiter Richtung Norden, genauer gesagt nach Salta.

Cachi und der Nationalpark „Los Cardones"

Nach der Ankunft suchten wir unser Hostel auf und waren ein bisschen enttäuscht: Es war unpersönlich, hatte keine schönen Zimmer und das Essen
schmeckte uns auch nicht. Aus diesem Grund ging es gleich am nächsten Morgen zu einem Autoverleih, um mit einem Mietwagen die Gegend um Salta zu
erkunden. Unsere Route lautete: Salta-Cachi-Cafayate-Salta.

Die erste Station war Cachi, ein kleines verträumtes Nest. Die Fahrt führte uns
über den Pass Piedra del Molino auf 3.457 Meter Höhe und die Landschaft
wurde Kilometer für Kilometer immer schöner, schon bald umgab uns ein
kleiner, dunkelgrüner Urwald. Der Pass selbst begrüßte uns mit Wolken und
als wir wieder hinunterfuhren, hatten wir das Gefühl, in ein Meer von Kakteen
einzutauchen. Diese Kakteenlandschaft hatte etwas Mystisches und war ein-
zigartig.

Ein Meer von Kakteen erwartete uns auf der anderen Seite des Passes.

In Cachi suchten wir uns ein Hostel und nach dem Einkaufen sollte es ein
traditionelles Gericht von mir geben: Nudeln mit Tomatensoße, die ich in der
Hostelküche zubereiten wollte. Die Hostelküche entpuppte sich jedoch als
Restaurantküche des Hauses und auf der Arbeitsplatte begrüße mich ein

tiefgefrorenes Etwas. Ich tippte auf Lamm, aber es hätte auch ein Straßenhund sein können – den Speiseplan änderten wir an diesem Tag trotzdem nicht. Am Abend zog ein kräftiges Gewitter auf, so dass wir den Ort nicht mehr besichtigten konnten.

Am nächsten Morgen sollte es nach Cafayate weitergehen. Die Straße Routa 68 (RN68) war etwas einfacher zu fahren als die Passstraße am Vortag, da sie die meiste Zeit durch ebenes Gelände führte. Nach dem Tanken in Molinos nahmen wir versehentlich eine Nebenstraße, die uns jedoch in dieselbe Richtung führte, wie sich später herausstellte. Allerdings stoppte uns irgendwann ein Motorradfahrer und warnte uns, dass ein Teil der Straße nach Cafayate durch das Unwetter am Vorabend weggespült worden sei und somit nicht befahrbar wäre. Also drehten wir um und fuhren wieder auf die Hauptstraße zurück nach Salta. Jedoch wollten wir nicht dieselbe Strecke zurückfahren und nahmen daher eine Art Abkürzung Richtung Salta, quer durch den Nationalpark „Los Cardones" (Höhe 2.813 m). Diese Straße führte uns durch eine bizarre Landschaft: Die Kakteen, die Farben der Berge, die von Rot über Terrakotta bis hin zu Weiß wechselten und dazu das stete Grün der Pflanzen.

Eine fast surreale Landschaft erwartete uns im Nationalpark „Los Cardones".

Mit einer Straße oder einem Weg hatte diese Querfeldeintour allerdings nichts mehr zu tun, diese Route hätten wir lieber mit einem Geländewagen fahren sollen. Unser VW Golf war für die Fahrt durch die zu dieser Zeit ausgetrockneten Flussbetten nicht gerüstet. Nachdem wir den Nationalpark „Los Cardones" fast durchquert und einen Hagelschauer überstanden hatten, meinte Katja nebenbei: „Und was, wenn diese Straße jetzt auch kaputt ist?". Keine fünf Minuten später war es soweit und die Straße war vom letzten Regen unter Wasser gesetzt worden. Es fehlten circa zwei bis drei Meter Straße, die einfach weggespült waren. Umfahren konnten wir das Hindernis leider nicht und so mussten wir die kompletten, beschissenen 23 Kilometer wieder zurücksetzen.

Wir holten alles aus unserem VW raus und trotz mehrfachen Aufsetzens ging alles gut, sogar der Frontspoiler bleib ganz. Auch der Auspuff war noch dran, als wir wieder in unserem Hostel in Cachi eintrafen.

Unsere Querfeldeintour mit dem südamerikanischen VW Golf

Am nächsten Morgen sollte uns unser Weg wieder in die „Zivilisation" führen. Wir stießen jedoch erneut auf die Strecke unserer Querfeldeintour vom Vortag und wollten sehen, wie das Ganze auf der anderen Seite der weggespülten Straße aussah. Schlappe zwei Kilometer hatten uns noch gefehlt, aber dafür war es ein Erlebnis. Wir erkundeten bei Sonnenschein noch die Gegend um die weggespülte Straße, aber ein aufgeschrecktes Bienenvolk vertrieb uns endgültig von dieser Route. Rennen in 3.100 Metern Höhe ist gar nicht mal so leicht, aber die Attacken der Bienen waren Motivation genug – zum Glück hatte ich meine Mütze auf. Wer weiß, wie sonst mein Kopf nach diesem Angriff ausgesehen hätte!

Die Fahrt führte uns nun wieder aus dem Nationalpark heraus, Tanken war angesagt. Chicoana hieß das nächste Dorf, das direkt auf dem Weg lag. Als ich den Dorfplatz sah, fand ich das kleine Örtchen schon sehr sympathisch und so aßen wir dort auch gleich eine Kleinigkeit zu Mittag. Da noch der ganze Nachmittag vor uns lag und wir nicht sofort nach Salta zurück wollten, fuhren wir zum See Dique Cabra Corral. Hier treffen sich die Argentinier, um entweder selbst einen Bungeesprung zu wagen oder um anderen dabei zuzuschauen. Wir fuhren jedoch weiter um den See herum, auf der Suche nach einem Platz zum Baden. Das Wasser erwies sich mit 25° Grad allerdings nicht als so erfrischend wie gedacht. Am Abend ging es dann wieder zurück nach Chicoana, um in einem netten Hostel zu übernachten, dem Hostal del Sol.

Der See Dique Cabra Corral

Karneval in Chicoana

Wie der Zufall es wollte, fand am nächsten Tag einer der größten Karnevalsumzüge in der Umgebung statt. Am Abend gönnten wir uns zur Abwechslung mal ein nettes Lokal und da ich Argentinien bald verlassen würde, verleibte ich mir zur Feier des Tages ein gutes Steak ein. Vom Restaurant aus konnte ich die aus allen Nähten platzende Kirche sehen und die Gesänge aus ihrem Inneren hören. So gegen 22 Uhr stellten wir uns brav in der Schlange an, um in den abgesperrten Teil der Stadt zu kommen, wo die Parade des Karnevals stattfand.

Der Karneval in Chicoana

Statt Konfetti gab es hier Sprühschaum, Mehl und irgendeine Farbe, die sich die Teilnehmer ins Gesicht schmierten. Verrückt – Konfetti sind mir lieber! Bei angenehmen 26° Grad verfolgte ich die schöne Parade mit den Samba-Tänzerinnen und -Tänzern. Die bunten Kostüme waren toll und die Rhythmen heizten die Stimmung auf der Straße an. Die Parade dauerte noch bis weit in die Nacht, ein tolles Ereignis! Ich fand es erfreulich, bei einem Karnevalsumzug mal nicht zu frieren, wie üblicherweise in Deutschland.

Hier gab es Sprühschaum statt Konfetti.

Cerro de los Siete Colores

Von Salta aus organisierten wir eine Tagestour zu den Cerro de los Siete Colores. Für diesen Ausflug schlossen Katja und ich uns mit zwei weiteren Reisenden aus dem Hostel zusammen, um die Kosten zu senken.

Die alte Route 9, eine mit tollem Wald umgebene kleine Straße, brachte uns zu
dem „Cerro de los Siete Colores", einem Berg, dessen Felswände viele ver-
schiedene Farben aufweisen. So reicht die Farbpalette von Rot über Ockergelb
und Grün bis hin zu Blau.

Der Cerro de los Siete Colores

Unserer Fahrt ging weiter über die Orte Purmamarca bis Humahuaca und wieder zurück nach Salta. Während der Fahrt hielten wir in einem kleinen Ort und wurden Zeugen wie ein Auto gesegnet wurde, damit es unfallfrei bleiben möge. Kurzerhand wurden wir von den Einheimischen eingeladen, das Auto ebenfalls zu segnen. Dazu sollten wir ein Glas Rotwein oder etwas anderes Hochprozentiges über das Auto schütten. Danach wurde selbstverständlich angestoßen. Nach guten dreizehn Stunden erreichten wir trotz eines platten Autoreifens und einer wegen Überschwemmung gesperrten Straße wieder Salta.

Segnung eines Autos, um es in Zukunft vor Unfällen zu bewahren.

Salta

In vielen Blogs las ich immer von Salta als „La Linda" (Die Schöne), aber irgendwie fand ich die Stadt gar nicht so schön. Nur der Platz des 9. Juli vor der Kathedrale war sehr ansehnlich und die Catedral de Salta war von außen wie von innen sehr schön. Es gab noch einen Park, der etwas gemütliches Grün in die Stadt brachte, wahrscheinlich nennt man sie deshalb „La Linda".

Die Kathedrale von Salta

Bei Salta liegt ein kleiner Berg, der Cerro San Bernardo, der entweder mit einer kleinen Seilbahn oder über 1.070 Stufen erklommen werden kann. Ich habe die kostengünstige Variante gewählt und bin gelaufen. Von oben hat der Betrachter einen schönen Überblick über Salta bis hin zu den Anden.

Der Ausblick auf Salta und die Anden

Am Abend fuhr ich noch zum Karneval in das Fußballstadion von Salta. Dort war der Teufel los, aber leider hatte ich meine Kamera nicht dabei. Es wurden Tribünen vor dem Stadion aufgebaut, so dass ich einen hervorragenden Blick über die Darbietungen auf der Straße hatte; alles war ungefähr fünfmal größer als in Chicoana. Diesmal waren auch wir Touristen Ziel der Sprühschaum-Attacken und so wurde mein T-Shirt pitschnass. Die Parade war wirklich sehenswert mit all den tollen Kostümen!

Endstation Chile: San Pedro de Atacama – oder wer fährt schon Fahrrad in der Wüste?

Ab in die Wüste nach San Pedro de Atacama. Quelle:
OpenStreetMap und Mitwirkende, CC BY-SA

Argentinien hatte ich nun endgültig hinter mir gelassen und ich saß nun zwei volle Tage in der chilenischen Stadt San Pedro de Atacama fest. Warum? Katja hatte es versäumt, sich in Salta eine Fahrkarte nach San Pedro zu kaufen und so musste ich auf sie warten. San Pedro de Atacama ist eine kleine Wüstenstadt im Norden Chiles nahe der Grenze zu Bolivien. Sie lebt allem Anschein nach nur vom Tourismus, denn so gut wie an jeder Ecke findet sich entweder ein Tourenanbieter für Ausflüge in die Umgebung, ein Restaurant oder ein Hotel bzw. Hostel.

Die Tourenanbieter klapperte ich alle ab, um eine Jeeptour zum Salar de Uyuni in Bolivien zu organisieren, der größten Salzpfanne der Erde. Leider gab es nur drei Anbieter, die diese Ausflüge anboten und alle drei machten nicht den besten Eindruck. Es war wirklich ein kleines Glückspiel, da man entweder mit betrunkenen Fahrern unterwegs war oder mindestens zu siebt in einen Jeep für sechs Personen gequetscht wurde. Aber später mehr zu dieser Tour.

Eine typische Straße in San Pedro de Atacama

Als Katja endlich ankam, mieteten wir uns zunächst Fahrräder, um zwei Täler in der Umgebung San Pedros zu erkunden. Wir befanden uns ja „nur" auf 2.400 Metern Höhe und es würde noch locker 200 Meter weiter nach oben gehen.

Zuerst fuhren wir in das Valle de la Muerte (Tal des Todes). Leider waren wir gezwungen, die Räder über eine der Steigungen zu schieben, da der Weg nur aus Sand bestand und somit nicht befahrbar war. Im Sand laufen ist anstrengend genug, Radfahren hingegen ist aber völlig unmöglich. Das Tal des Todes war klasse, das Valle de la Luna (Tal des Mondes) aber noch schöner. Der Weg war anstrengend, da es kontinuierlich bergauf ging, aber am Ende wurden wir für unsere Mühen belohnt. Die weißen Flächen auf dem Bild sind übrigens kein Schnee, sondern Salz.

Das Salz im Tal des Mondes wirkte von Weitem wie Schnee.

Über die Anden nach Bolivien

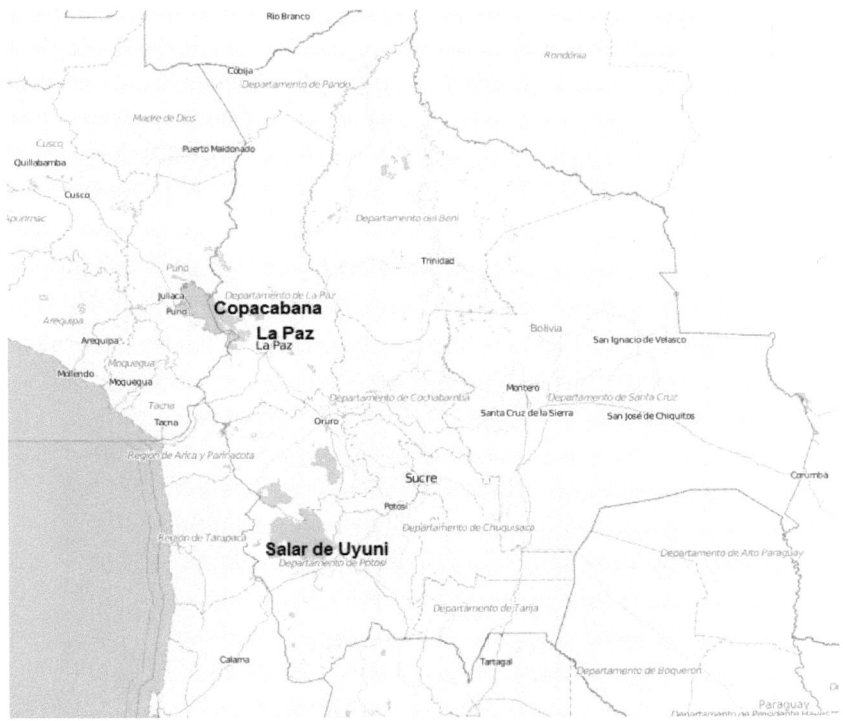

Meine Stationen in Bolivien. Quelle: OpenStreetMap und Mitwirkende, CC BY-SA

Tour Salar de Uyuni

In San Pedro de Atacama startete unsere Tour zum Salar de Uyuni. Nach fünf Minuten Fahrt erreichten wir die chilenische Grenzstation. Dort verbrachten wir geschlagene zwei Stunden bei der Ausreise. Die Grenzbeamten waren anscheinend der Meinung, dass sie wegen der beschädigten Straßen ihre Arbeit ruhig mal eine Stunde später beginnen konnten. Nach etwa einer weiteren Stunde Fahrt erreichten wir endlich die Grenze von Bolivien, dort waren die Formalitäten lediglich eine Sache von Minuten. Anschließend gab es auch gleich Frühstück und wir wurden von den Tour-Guides in Sechser-Gruppen aufgeteilt.

Unsere Gruppe setzte sich aus drei in Australien lebenden Iren, einem Inder aus Kanada, Katja und mir zusammen. Mit unserem Fahrer Edgar hatten wir richtig Glück: Er war aus der Gegend und sprach noch dazu Englisch – eine Seltenheit in dieser Ecke der Welt. Auf dem Weg durch die Anden trafen wir auf mehrere Lagunen, deren Wasser ganz unterschiedliche Farben hatte. Wir fuhren zuerst zur weißen, dann weiter zur grünen Lagune und kamen aus dem Staunen nicht mehr raus, die Landschaft war einfach wunderbar. Der nächste Stopp war eine heiße Quelle auf circa 4.600 Metern Höhe. Ich badete dort in 37° Grad warmem Wasser und fror auch nicht, als ich wieder herausstieg – einfach herrlich!

Herrlich, so ein warmes Bad in luftiger Höhe!

Auf dem Weg zu unserer Unterkunft kamen wir an heißen Geysiren vorbei. Das aus dem Boden spritzende Wasser wird durch Lava erhitzt und stinkt gewaltig nach Schwefel. Nach dem Erreichen unserer einfachen Unterkunft auf ungefähr 4.800 Metern Höhe – der höchste Punkt auf der Strecke lag auf 4.950 Metern –, gab es erst einmal ein Mittagessen, bevor es weiter zur roten Lagune ging, wo uns Hunderte von Flamingos erwarteten. Auf Grund einer bestimmten Algenart ist das Wasser dort rot gefärbt, dazu ragt ein toller Vulkan im Hintergrund empor. Aber seht selbst!

Das Wasser der Roten Lagune macht ihrem Namen alle Ehre.

Die Rote Lagune bietet mit dem Vulkan im Hintergrund ein selten schönes Panorama.

Die Nacht hatte ich mir schlimmer vorgestellt, denn in guten 4.300 Metern Höhe sollte es eigentlich richtig kalt werden. Aber die einfache Unterkunft – nur eine Toilette für 30 Personen, keine Dusche – war mit ausreichend Decken ausgestattet, so dass uns kuschelig warm war.

Am nächsten Tag ging es weiter über die Hochebene der Anden, mit berauschenden Ausblicken auf die teils schneebedeckten Berge und Vulkane. Die Highlights der Strecke waren der Arbol de Piedra, einige Lagunen und eine Allee aus Lavasteinen im Nationalpark Fauna Andina Eduardo Abaroa. Das Beeindruckendste für mich war allerdings die Fahrt über die Hochebene der Anden selbst. Ich genoss die fantastische Landschaft.

Am letzten Tag der Tour fuhren wir in die Stadt Uyuni. Zuerst steuerten wir den Friedhof der Lokomotiven an – ein toller Spielplatz für Männer. Die dortigen Lokomotiven wurden 1930 abgestellt und stehen gelassen, als der Abbau des Silbers rund um Uyuni nicht mehr lukrativ war. So rosten sie nun langsam vor sich hin und geben ein surreales Bild ab. Nach dem Mittagessen wanderten wir ein kleines Stück auf dem Salzsee Salar de Uyuni, der leider komplett ungefähr fünf Zentimeter hoch mit Wasser bedeckt war. Der Salar erstreckt sich über eine Fläche von 12.000 Quadratkilometern. In der Trockenzeit ein perfekter Fotospot, aber an diesem Tag war es leider kaum möglich, gute Fotos zu schießen. Das Wasser hinderte uns daran, weiter in den Salar de Uyuni vorzudringen. Allerdings gab es dafür tolle Spiegeleffekte.

Uyuni und der verdorbene Magen

Uyuni ist keine schöne Stadt und ich glaube jeder, der dort strandet, möchte gleich wieder weg. Ich kaufte mir also ein Zugticket nach Oruro und musste nur noch auf die Abfahrt des Zuges warten. Leider fuhr er nur zweimal in der Woche und so hatte ich noch einen Tag Aufenthalt. In diesem Zeitraum aß ich in einem Restaurant und das war keine gute Idee: Die Pizza schmeckte furchtbar und irgendwas daran war offensichtlich verdorben.

So lag ich dann mit 38.6° Grad Fieber im Bett, bis endlich der erlösende Zug abfuhr. Bei einer Höhenlage von 3.600 Metern macht Kranksein wirklich keinen Spaß! Die dünne Luft in Kombination mit Fieber und einem verdorbenen Magen schlauchten mich immens. Da ich erste Klasse (11,85 Euro) gebucht hatte, konnte ich während der sieben Stunden Fahrt wenigstens gut schlafen. Als ich in Oruro ankam, ging es mir schon viel besser. Dort checkte ich in ein gutes Hotel ein, um mich richtig zu erholen und, endlich, nach 36 Stunden, wieder etwas zu essen. Ich hoffte, dass am nächsten Morgen der Spuk ein Ende haben würde, denn ich wollte mit dem Bus weiter nach La Paz fahren.

Übrigens: In Uyuni trennten sich meine und Katjas Wege endgültig.

The most dangerous (Death) Road: Fahrradfahren in den Anden

Am nächsten Tag war ich noch nicht wieder ganz fit. Vielleicht war ich auch etwas reisemüde? Ich glaube, nach dem Magendesaster war der Akku einfach leer. Und trotzdem buchte ich eine kleine Fahrradtour, allerdings nicht wie in

San Pedro de Atacama auf 2.400 Metern Höhe, sondern der höchste Punkt lag nun bei schlappen 4.700 Metern.

Die Strecke führte über eine einspurige Straße, vorbei an steilen Abhängen, vor denen keine Leitplanke schützte. Häufiger Regen und Nebel waren zusätzliche Gefahrenquellen, da sie die Straßen aufweichten und man somit auf matschigem Untergrund fahren musste. Zusätzliche Vorsicht war geboten, da es auf der Strecke jederzeit zu Steinschlag durch Erosion kommen konnte.

Hier führt die (Death) Road durch die Anden.

Im Übrigen: Bevor meine Mutter und mein Kardiologe einen Herzanfall erleiden – es ging meist nur bergab und war daher auch nicht besonders anstrengend!

Morgens war es auf 4.700 Metern Höhe noch saukalt und ich beschloss, die Andenregion in der nächsten Zeit gegen wärmere Gefilde einzutauschen. Aber nun startete erst einmal die Fahrradtour: Es ging los und es regnete und regnete. Die ersten 20 Kilometer fuhren wir auf einer neu asphaltieren Straße, bevor wir die alte Straße nahmen, Death Road genannt. Auf der Asphaltstraße war recht viel Verkehr, jeder quälte sich mit seinem wie auch immer gearteten Fahrzeug über die Berge.

Leider wurde das Wetter auch auf dem nächsten Drittel der Strecke nicht besser und es war sehr rutschig auf dem steinigen Boden. Lustigerweise herrschte auf der alten Straße Linksverkehr – im Gegensatz zum restlichen Bolivien. Daher mussten wir immer links an der Abbruchkante fahren; dazu kamen die Rechtskurven, die schlecht einzusehen waren. Fährt ein Radfahrer auf der falschen, also der rechten Seite, sieht es schlecht für ihn aus. Auf diese Weise sind bereits drei Guides von Agenturen in den letzten Jahren ums Leben gekommen.

Steile Hänge und unwirtliche Straßenverhältnisse machten die Fahrrad-Tour riskant.

Je weiter wir ins Tal kamen, desto wärmer wurde es. Allerdings war mir das egal, denn ich war eh schon durch den Regen nass bis auf die Haut. Ich fuhr solange in der Gruppe vorne mit, bis mich ein Plattfluss ganz nach hinten warf. Ich fackelte nicht lange und wechselte den Schlauch.

Ein platter Reifen warf mich auf der Tour zurück.

Es ging weiter bergab! Kurz vor dem Ende der Tour mussten wir noch drei Flüsse durchfahren, aber dank meiner Fahrkünste gehörte ich zu dem Drittel, das nicht absteigen musste und trockene Schuhe behielt. An unserem Ziel angekommen, gönnten wir uns eine schöne warme Dusche und ein Essen. Mir hat es Spaß gemacht und ich meine, so richtig gefährlich ist die Tour eigentlich nicht.

La Paz – Da blieb mir doch die Luft weg!

La Paz ist die Hauptstadt von Bolivien – und sie ist wirklich nicht klein. Schon als ich ankam, stellte ich fest, wie weit es vom Stadtrand, der noch auf der umliegenden Altiplano-Hochebene liegt, bis hinunter in den Kessel des Canyon Río Chokeyap war.

Die Stadt liegt auf einer Höhe von ungefähr 3.600 Metern. Das war für mich eigentlich kein Problem, aber die ohnehin schon dünne Luft wird zusätzlich kräftig mit Abgasen vollgepumpt. Die Straßen sind noch dazu ziemlich steil und so musste ich schon nach zwei Häuserblocks eine Pause machen – mir blieb einfach die Luft weg. Dann dachte ich an Frankfurt und überlegte mir, was sie dort für ein Geschiss um die Feinstaubwerte machen, während ich hier nicht einmal einen tiefen Atemzug machen konnte.

La Paz: ein Moloch aus Häuserschluchten und Abgasen

Anyway, zurück zu La Paz. Das Stadtzentrum ist nicht besonders groß und mit dem Stadtplan gut zu erlaufen. Ich rannte zwar erst einmal in die falsche Richtung, aber das war nicht so schlimm, ich hatte ja Zeit. Den Bus zum Mirador Killi-Killi, einem Aussichtspunkt über der Stadt, fand ich an der eingezeichneten Stelle leider nicht und so nahm ich mir ein Taxi für einen Euro, das mich ans Ziel brachte. Von dort oben hatte ich einen tollen Überblick über La Paz und die angrenzenden Berge. Ich wanderte von dort aus wieder talabwärts zur Kathedrale der Stadt und kam dabei an einer kleinen Empanada-Bäckerei – das sind gefüllte Teigtaschen – in der Nähe von der Plaza Murillo vorbei: der Confiteria Bolivar. Ich konnte nicht wiederstehen: Mein Mittagessen – vier Empanadas mit Hühnchen – kam gerade frisch aus dem Ofen. Es schmeckte vorzüglich!

Hier gab es die leckersten Empanadas in ganz Bolivien.

Am nächsten Morgen stand ich auf und sagte mir: „Das war genug dreckige Luft!". Ich nahm noch am selben Tag den Bus nach Copacabana.

Copacabana und die Isla del Sol

La Paz hatte ich also fast fluchtartig verlassen, die Großstädte in Südamerika gefielen mir einfach nicht. Hinzu kam die schlechte Luft und ich wollte auch wieder in niedrigere gelegene Gefilde. Letzteres vertagte ich allerdings, denn nun ging es für mich zunächst weitere 250 Höhenmeter nach oben: An den Rand des Titicacasees auf 3.840 Meter.

Die kleine Uferstadt Copacabana liegt gute vier Stunden mit dem Bus von La Paz entfernt. Ich fand es lustig, dass der komplette Bus an einer Stelle mit einem Holzfloss über den Titicacasee transportiert wurde, Ansonsten hätte man den Umweg über Peru nehmen müssen. Die Passagiere des Busses setzten allerdings sicherheitshalber mit einem anderen Boot über.

Auf der Fahrt bewunderte ich die schöne Landschaft. Auch das Touristen-Örtchen Copacabana war recht nett und ich malte mir aus, wie voll es dort wohl zur Hauptsaison sein würde. Momentan war dort Regenzeit und nicht viel los.

Ich buchte in Copacabana eine Tour zur Isla del Sol (Sonneninsel) und stellte fest, dass von der feilgebotenen Indiofigur aus Plastik bis zur Fahrt selbst alles ein reines Touristenprogramm war. Meiner Meinung nach Geldverschwendung – auch wenn es nur drei Euro kostete. Während der vierstündigen Bootsfahrt über den Titicacasee schien die Sonne und wärmte mich. Am Abend kaufte ich mir noch eine Busfahrkarte nach Cusco in Peru, um die Touristen-Zone so schnell wie möglich wieder zu verlassen.

Peru – Das Land der Inkas und Kondore

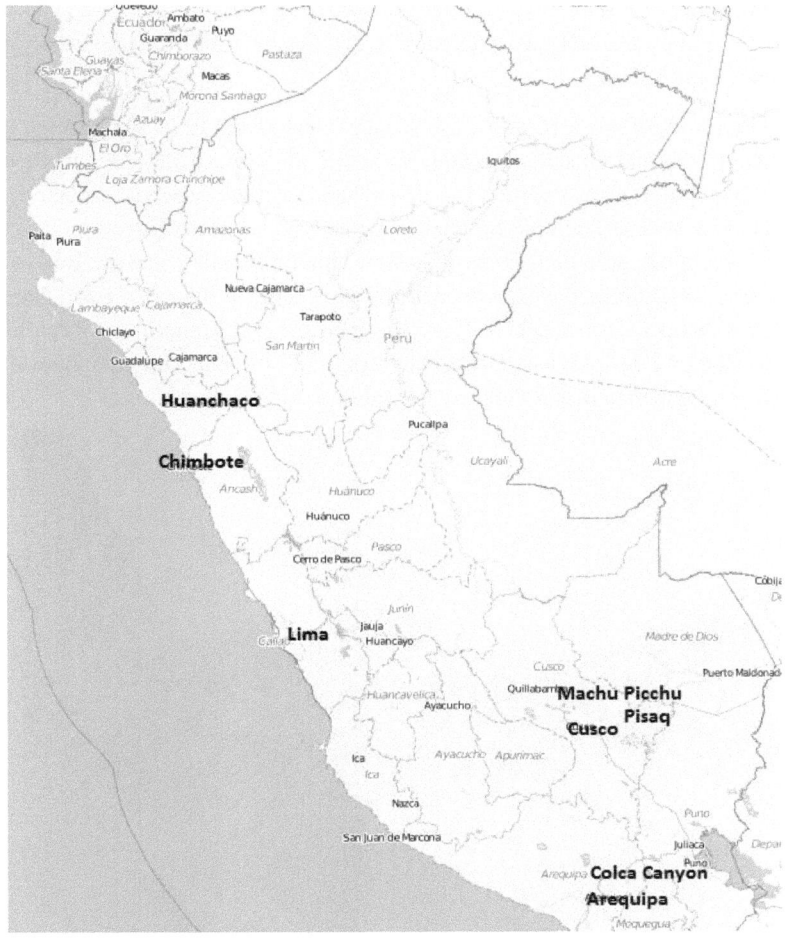

Weiter ging es nach Peru. Quelle: OpenStreetMap und Mitwirkende, CC BY-SA

Die Stadt Cusco

Überall schwärmte jeder, den ich auf meiner Reise traf, von Cusco, der Haupt-stadt der gleichnamigen peruanischen Provinz. Bei so viel Vorschusslorbeeren dachte ich erst „Naja, halt wieder so eine hässliche südamerikanische Stadt.", aber weit gefehlt! Cusco überraschte mich positiv, dabei kann ich gar nicht so genau beschreiben, was die Stadt so angenehm macht. Während ich durch die Straßen zog, um meine Fahrkarte und Eintrittskarte für einen Trip nach Machu Picchu zu kaufen, gefiel mir die Stadt immer besser. Sie ist nicht zu groß, die Luft war erträglich und das Treiben auf der Straße war zwar hektisch, aber dennoch nicht stressig.

Am Titicacasee traf ich Martine, die seit sechs Monaten in Cusco wohnte und dort Englisch- und Französisch-Unterricht für die Guides des Machu Picchu gab. Sie zeigte mir am zweiten Tag einen Teil der Stadt. Zuerst besuchten wir den Tempel of Gold, den die Spanier 1650 zu dem Kloster Convento de Santo Domingo umgebaut haben. Es wird dort anschaulich erklärt, wie die Inkas ihre Bauwerke errichteten, das Kloster wurde später einfach über den Inka-Tempel gebaut. Die Inkas waren sehr clevere Baumeister: Die Mauern mit ihren kleinen Wellen und der präzisen Größenauswahl und Positionierung der Bausteine halten den Erdbeben dieser Gegend seit Jahrhunderten stand.

Der frühere Temple of Gold, heute das Convento de Santo Domingo in Cusco.

Nach der Klosterbesichtigung gingen wir mit ein paar Freunden von Martine zum Mittagessen. Das Restaurant Palacio del Inka (Carretera Circunvalacion Z-10, Tel.: 506561/984727810) befindet sich an einem ziemlich hoch gelegenen Punkt der Stadt und bietet einen tollen Blick über Cusco. Es war günstig: Für Vorspeise, Suppe, Hauptgericht, ein Eis und ein paar Bierchen zahlte ich nicht einmal neun Euro. Der Lunch zog sich und schließlich wanderten wir gegen 17 Uhr weiter durch die Stadt, an allen Plätzen und Kirchen vorbei. Anschließend schlenderten wir noch einmal durch die Markthalle, die alles zu bieten hatte, was das kulinarische Herz begehrt. Und der frische Orangen-Maracujasaft war einfach klasse!

Ich und mein leckerer Maracujasaft in der Markthalle von Cusco.

Bei dem Besuch der Markthalle kaufte ich noch für Martine und mich ein und revanchierte mich mit frischen Spagetti alla Carbonara, die ich bei ihr zu Hause zum Abendessen zubereitete. Ihr Mitbewohner John war auch daheim und freute sich über dieses leckere Mahl. Später trafen wir uns noch mit Freunden von Martine und John in einer Kneipe: Der Abend begann feuchtfröhlich mit einigen Bierchen. Nach ein paar Spielen Billard wechselten wir die Location: Eigentlich wollten wir in das LOKI-Party-Hostel gehen, aber wir schreckten zurück, als wir sahen, dass an dem Abend eine dieser Neon-Splash-Partys stattfand, bei denen man mit Farbpulvern wild um sich wirft und danach aussieht wie ein menschgewordener Regenbogen. Den Absacker nahmen wir nach einem nächtlichen Rundgang durch Cusco bei mir im Wild Rover Hostel zu uns. Ich genoss den Abend, denn es war seit Monaten wieder einmal das schöne Gefühl, mit Freunden um die Häuser zu ziehen.

Machu Picchu – Die Inkastadt in den Wolken

In Cusco hatte ich mir als Erstes eine Eintrittskarte und ein Bahnticket für die Fahrt nach Machu Picchu besorgt, was sich als recht einfach herausstellte. Man erhält beides im Touristikbüro für Kartenvorverkauf Machu Picchu & Huayna Picchu in der Av. de la Cultura 238 B. Für das direkt benachbarte Huayna Picchu erhielt ich übrigens keine Karte mehr, da dort täglich nur 400 Personen zugelassen sind und das Kartenkontingent bereits vergeben war.

Da ich nicht so viel Geld ausgeben wollte, wählte ich die Strecke von Ollantaytambo nach Aguas Calientes (Machu Picchu Stadt), direkt von Cusco aus wäre es teurer gewesen. Also fuhr ich mit einem Minibus nach Ollantaytambo und von dort aus weiter mit dem Zug. Er ist die einzige Verbindung nach Aguas Calientes und die 44 Kilometer Fahrt haben ihren eigenen Reiz. Der Zug schlängelt sich an einem reißenden Fluss entlang und fährt anschließend in den Dschungel hinein. Aguas Calientes liegt auf circa 2.700 Metern Höhe und dort ist es recht warm.

Der Zug nach Machu Picchu

Nachdem ich in Aguas Calientes die Nacht verbracht hatte, ging es am nächsten Morgen mit dem ersten Bus um 5:30 Uhr hinauf nach Machu Picchu. Das Wetter war anfangs leider schlecht, aber gegen Mittag klärte sich der Himmel auf. Da ich ja keine Karte mehr für den Berggipfel Huayna Picchu bekommen hatte, hatte ich mehr Zeit, die Anlage rund um Machu Picchu zu erkunden. Es ist schon erstaunlich, wie gut durchdacht diese Inka-Stadt für die Zeit ihrer Entstehung war: Wasserabläufe mit kleinen Kanälen verbinden die meisten Häuser, dazu die hoch entwickelte Baukunst der Häuser und die Herstellung der Steine, die allesamt passgenau sind und keinen Mörtel benötigen.

Der Versuch, mich doch noch auf den Huayna Picchu zu schmuggeln, scheiterte kläglich. Ich gab an, mein Ticket verloren zu haben, aber ich hatte nicht mit der Vernetzung der Guides gerechnet. Über meinen Namen und meine Passnummer wollten sie mein Ticket überprüfen. Nun dachte ich, dass das vielleicht einfach nur eine allgemeine Frage war und gab ihnen diese Information. Nach nur zwei Minuten kam via Funk dann die Mitteilung, dass ich keine Karte besäße – selbst hier im peruanischen Hochland gibt es moderne Kontrollsysteme!

Auf meinen Streifzügen über das weiträumige Gelände besuchte ich auch die Inka-Bridge – einen der zwei Zugänge nach Machu Picchu. Nach einem kurzen Wanderweg stand ich etwas oberhalb der Brücke, leider war der Zugang gesperrt. Aber so baufällig, wie sie aussah, hätte sie wohl auch keinen Menschen tragen können, ohne zu zerbrechen.

Die Inkastadt Machu Picchu – leider wolkenverhangen

Der zweite Zugang nach Machu Picchu war das „Gate of Sun", darüber errei-chen die Inka-Trail-Wanderer die Stadt. Ich wollte mir diesen Zugang auch ansehen und beschloss, die 200 Höhenmeter dorthin zu erklimmen. Der An-stieg und die 30 Minuten Lauferei lohnten sich durchaus, allerdings wunderte es mich, dass manche Leute trotz Höhenangst und schlechter Kondition diesen Weg hochliefen. Am Gate selber verbrachte ich eine ganze Weile, genoss dass sich hier kaum Touristen aufhielten und ließ den Blick in das wolkenverhan-gene Urubamba-Tal schweifen. Wolken zogen auf und lockerten sich wieder und als ich gegen Mittag wieder in Machu Picchu stand, klärte sich der Him-mel sogar auf. Was für eine schöne Aussicht und ein toller Abschluss des Ta-ges!

Gegen 13:30 Uhr trat ich den Rückweg an, da der Zug mich um 16:40 Uhr wieder nach Ollantaytambo und anschließend nach Cusco bringen sollte. Lei-der gab es Probleme bei der Bahn, da der Regen einige Felsbrocken auf die Gleise gespült hatte und die Schäden beseitigt werden mussten. Nach über drei Stunden ging es weiter und ich erreichte gegen Mitternacht endlich mein Hos-tel.

Machu Picchu ist reizvoll. Für mich war diese riesige, alte und gut erhaltene Inkastätte so schön, weil die Berge und der Rio Urubamba sie umgeben. Wahrscheinlich war diese malerische Lage der Grund, warum sich die Inkas damals dort niedergelassen hatten. Einen Besuch ist Machu Picchu definitiv wert – mir hat es gefallen!

Pisaq – Die Inkastadt im Heiligen Tal

An meinem letzten Tag in Cusco – insgesamt hatte ich vier Tage dort verbracht – verabredete ich mich wieder mit Martine und wir fuhren zusammen nach Pisaq, um den dortigen „Temple of Sun" zu besuchen. Die Fahrt von Cusco aus dauerte circa eine Stunde. Pisaq liegt zusammen mit mehreren Inka-Dörfern im wunderschönen „Sacred Valley". Pisaq ist die letzte Stadt des Inka-Trails, der von Machu Picchu aus zum Amazonas führt.

Im Sacred Valley liegen mehrere Inka-Dörfer.

In Pisaq wird recht deutlich, wie die Inkas gelebt haben. Der typische Terrassenfeldbau war zum Anbau von Obst und Gemüse konzipiert und die einzelnen Terrassen werden durch ein Kanalsystem von oben nach unten bewässert.

81

Der typische Terrassenfeldbau der Inkas

Die Bauern, die diese Felder bewirtschafteten, waren auf der untersten Stufe des Kastensystems der Inkas angeordnet. Über ihnen standen die reichen Inkas und die Soldaten. Dieses System übertrug sich auch auf die voneinander getrennten Lebensbereiche, so durfte ein Bauer zum Beispiel nicht im Stadtteil der Adligen wohnen. Selbst auf dem Friedhof gab es Unterschiede, dort erhielten die Reichen bessere Gräber.

Martine und ich ließen uns von einem Guide durch Pisaq führen, der einige Informationen zu den historischen Bauten und Ritualen dieser Stadt hatte. Der Weg durch Pisaq beziehungsweise zum Tempel war an manchen Stellen recht steil und auch stellenweise nicht gut erhalten. Nachdem wir einen kleinen Tunnel zum Temple of Sun durchquert hatten, stiegen wir auf einen alten Wachturm, von dem aus ich einen wunderbaren Blick über das Tal hatte. Wer nicht unbedingt auf diesen Turm klettern möchte, kann die komplette Anlage auch von einer Art Aussichtshügel genießen. Von dort sind das Areal des Sonnentempels und das Tal gut zu überblicken.

Auf dem Rückweg legten wir noch eine kleine Rast in Pisaq ein und besuchten den lokalen Markt. Das Angebot beschränkte sich am Anfang nur auf Touristisches, weiter hinten gab es jedoch alles für die Einheimischen. Vom Federvieh über Kartoffeln bis hin zu leckeren Früchten und Säften. Nach einer kleinen Vitaminstärkung ging es dann wieder zurück Richtung Cusco.

Der Ausflug ins Sacred Valley war ein toller Abschluss für meinen Aufenthalt in Cusco. Vielen Dank an Martine für die schönen Tage dort!

Kondore und Vulkane: Der Colca Canyon

Meine nächste Station war die Stadt Arequipa, etwa 470 Kilometer südlich von Cusco und auf ca. 2.300 Metern Höhe gelegen. Und ungefähr 100 Kilometer von Arequipa entfernt liegt der Colca Cañón. Das ist nicht nur der zweittiefste Canyon der Welt, sondern es gibt dort noch eine weitere Attraktion: Der Aussichtspunkt Cruz del Cóndor (Kreuz des Kondors) bietet einen tollen Blick auf die großen Kondore, die hier in den frühen Morgenstunden ihre Runden dicht über dem Canyon drehen. Aus diesem Grund startete ich schon gegen 2:30 Uhr morgens, um pünktlich dort zu sein.

Die grünen Berge um den Colca Canyon

Der Canyon selbst beeindruckt durch seine Größe und die bis zu 6.000 Meter hohen Vulkane und Berge. Bei der Fahrt dorthin kam ich mir ein wenig wie in Österreich vor: Kühe standen mitten auf der Straße, gelbe Blumen blühten auf den saftigen Wiesen – das Ganze mitten in den Bergen.

So stand ich also am Kreuz des Kondors, konnte die riesigen Vögel beim Gleiten durch die Lüfte beobachten. Und wenn gerade kein Kondor seine Flugküste vorführte, erfreute ich mich an der schönen Aussicht.

Früh morgens kann man hier die Kondore bei ihrem Flug über den Canyon beobachten.

Auf dem Rückweg ging es dann noch zu den heißen Quellen von Chivay, die nicht nur bei Touristen, sondern auch bei vielen Peruanern beliebt sind. Die Anlage ist sehr schön gestaltet und es gibt mehrere Becken mit unterschiedlichen Wassertemperaturen. Etwas unangenehm war der übliche Schwefelgeruch, aber der gehört bei Lava-gewärmten Quellen einfach dazu.

Nach dem Besuch der heißen Quellen ging der Tag leider auch schon zu Ende und auf dem Heimweg ging es bis auf 4.910 Meter nach oben in den Schnee, mit Blick auf die Vulkane. Auf der Hinfahrt war es noch dunkel gewesen und so konnte ich die Aussicht erst auf dem Rückweg so richtig genießen.

Schnee auf 4.910 Metern Höhe.

Von Arequipa aus konnte man die Vulkane ebenfalls ganz gut sehen. Leider aber nur morgens und auch nur von der Dachterrasse meines Hostels aus.

Die Stadt Arequipa

Wie in jeder südamerikanischen Stadt gibt es auch in Arequipa eine schöne und große Plaza. Neben der Kathedrale und den Kirchen hat die Stadt leider nichts zu bieten, so dass ich nicht lange blieb. Ich fuhr also mit einer rasanten Taxifahrerin zum Busbahnhof, um mir ein Busticket in die peruanische Hauptstadt Lima zu kaufen. Anschließend schlenderte ich noch etwas planlos durch die kleinen Gassen der Stadt und wunderte mich, dass fast jeder dritte Laden ein Optiker war. Mit ein paar leckeren Empanadas und einer kühlen Cola setzte ich mich auf den Plaza de Armas und schaute dem Treiben zu.

Die Kathedrale von Arequipa

Am Abend fuhr ich mit einem Nachtbus weiter nach Lima. Dort wollte ich ein paar Tage faulenzen, bevor es Richtung Norden weitergehen sollte.

Exkurs: Die Peruaner und der Straßenverkehr

Ich möchte gerne kurz etwas zu den Peruanern anmerken: Sie sind sehr nette, hilfsbereite und gemütliche Zeitgenossen. Bei Verabredungen kommen sie gerne mal 1,5 Stunden zu spät und finden das nicht schlimm. Sie fassen das auch nicht als Desinteresse dem anderen gegenüber auf, sondern es ist für sie einfach ganz normal.

ABER: Setzt sich ein Peruaner ans Steuer eines Wagens, wird er zur Wildsau. Gewartet wird nicht, Frechheit siegt! Die Verkehrsregeln stehen sicherlich irgendwo geschrieben, die Frage ist nur, ob sie jemals jemand gelesen hat.

Mein lustigstes Erlebnis war die oben schon angesprochene Taxifahrt: Was für ein Wunder – es saß eine Frau hinterm Steuer! Das hatte ich in Südamerika bis dahin noch nicht erlebt und dann ging es richtig zur Sache. Mit jedem ihrer männlichen Taxikollegen wurde ein Rennen ausgetragen und die Kommunikation an den roten Ampeln war dem Tonfall nach zu urteilen nicht sonderlich freundlich. Also: Solltet ihr Peru besuchen, haltet im Straßenverkehr immer schön die Augen offen!

Lima – Die Hauptstadt von Peru

Das etwa 1.000 Kilometer von Arequipa entfernte Lima war also mein nächstes Ziel. Meine Vorfreude hielt sich allerdings in Grenzen, da mich bis jetzt fast alle südamerikanischen Großstädte enttäuscht hatten. Ich wohnte im Stadtteil Miraflores, der bei Touristen sehr beliebt ist – schließlich gilt er als sicher und es gibt dort viele Restaurants.

Das Meer ist nicht weit entfernt, aber leider ist der Strand nicht besonders schön: Er besteht hauptsächlich aus Steinen und direkt daneben führt eine vielbefahrene Straße entlang. Ich sichtete dort lediglich Surfer, die auf ihre Welle warteten, den Badegästen war es wohl zu laut.

Der Strand bei Milaflores

Die Stadt hat bis auf die Plaza Mayor nicht viel zu bieten. Um diesen Platz herum liegt das Zentrum von Lima mit dem Präsidentenpalast, der Kathedrale von Lima, dem Palast des Erzbischofs, dem Municipal Palace, dem Gebäude des Club de la Union und dem Park der Flagge. Die alten und wunderschönen Bauwerke sind herrlich anzusehen.

Um 12:00 Uhr mittags ist am Präsidentenpalast immer Wachablösung, die wollte ich auf keinen Fall verpassen. Leider kam ich dann doch etwas zu spät und konnte nur noch das Ende mit dem Auszug der Musiktruppe sehen. Gefallen hat es mir, nur konnte ich es nicht wie geplant mit der Londoner Variante vergleichen, da ich den Anfang verpasst hatte.

Die Kathedrale von Lima ist übrigens wunderschön. In ihr kann man riesige Seitenaltäre und tolle Schnitzkunst bewundern. Vereinzelt sieht man in Lima auch noch alte Kolonialhäuser, die meisten davon sind jedoch verfallen.

Dazwischen stehen immer wieder Betonklötze aus den 70er Jahren, die ebenfalls bereits verkommen. Kein schöner Anblick und so wollte ich nach meiner kleinen Auszeit bald weiter Richtung Norden ziehen.

Die Kathedrale von Lima

Krank in Lima

Ich konnte mir nicht erklären, warum ich plötzlich krank geworden war. Wahrscheinlich nahm sich auch mein Körper während meiner Ruhetage gleich eine Auszeit. Ich glaube, dass ich mir bei der Fahrt in den Colcan Canyon eine Erkältung geholt hatte, da der bescheuerte Bus dorthin keine Heizung hatte. Bei der Passüberquerung in fast 5.000 Metern Höhe fror ich mir während der vier Stunden Fahrt fast die Nase ab!

Nun lag ich mit 38,5° Fieber in meinem Hostel-Bett und mein Kopf brummte. Zwar stieg zu Hause in diesem Moment eine Party zu Ehren des 65. Geburtstages meiner Mutter und ich dachte an meine Familie und Freunde in Deutschland. Aber das lange Warten auf das Sabbatical hatte sich trotzdem so richtig gelohnt. Wie oft war ich in den letzten Jahren abends und nachts zum Arbeiten in den Supermarkt gelaufen, um neben meinem Hauptjob noch etwas Zusatzgeld für diese Reise zu verdienen? Wie oft hatte ich auf etwas verzichtet, um zu sparen? Und nun war ich tatsächlich unterwegs und lernte all diese tollen Orte und Menschen kennen!

Die letzten 4,5 Jahre der Planung und Entbehrungen, des Sparens und Verzichtens kamen mir wieder in den Kopf. Wie oft hatte ich von diesem Jahr geträumt und auch über die Tage nachgedacht, an denen ich mal krank sein würde. Und selbst in diesem Moment, mit Fieber und Kopfschmerzen, war ich glücklich. Von einer Ein- bis Zweitagesgrippe ließ ich mich nicht unterkriegen! Zu Hause wird man schließlich auch hin und wieder krank und so ist es auf Reisen halt auch. So etwas passiert einfach und ich machte das Beste daraus und ruhte mich aus.

Streik in der Wüste

Nach Lima verließ mich zunächst mein Reiseglück. Ich hatte mir im Internet eine VIP-Busfahrkarte nach Truijllo gekauft, eine etwa 550 Kilometer entfernt liegende Küstenstadt im Norden Perus. Als ich nach fünf Stunden Busfahrt im Morgengrauen die Bremslichter aufleuchten sah, dachte ich mir dabei noch nichts Böses, aber das änderte sich schnell.

Meine Erkältung war noch nicht viel besser geworden. Das Fieber lag knapp unter 38° und Kopf- und Gliederscherzen „versüßten" mir den Morgen. Seit fünf Tagen hatte ich nicht mehr richtig geschlafen. Nachdem die Sonne aufgegangen war, wurde klar, dass wir in einen kilometerlangen Stau geraten waren – und das in der Wüste kurz vor Chimbote. Reisebus stand an Reisebus und ab und zu verirrte sich auch mal ein LKW dazwischen. Nichts ging mehr, keiner wusste Bescheid, aber alle vermuteten einen Streik.

Bus reihte sich an Bus – es ging weder vor noch zurück

Nach circa sieben Stunden des Wartens drehten wir um und fuhren die Strecke eine Stunde lang zurück, um in einem Restaurant etwas zu essen und zu trinken. Hier erfuhren wir, dass der Grund für den Stau ein Streik illegaler Minenarbeiter war, die kein Gold mehr abbauen sollten. Da dahinter Kartelle aus Ecuador und Kolumbien standen, ging es dort gut zur Sache. Wir erfuhren von drei Toten und dass die Polizei den Streik wohl nicht im Griff hatte.

Irgendwann hieß es, dass die Straße wieder passierbar sei und wir fuhren rasch weiter. Im Morgengrauen durchquerten wir die Stadt Chimbote und erreichten unser Ziel Truijllo schließlich mit 22 Stunden Verspätung. Zum Glück war auch mein Fieber verflogen, so dass ich mich jetzt erst richtig erholen konnte.

Huanchaco und die Prä-Inka-Kultur

Wer kennt Huanchaco? Vielleicht ein paar eingefleischte Surfer, denn Huanchaco ist ein Surferstädtchen, circa 15 Kilometer von Truilljo entfernt. Zwischen Truilljo und Huanchaco befindet sich die Prä-Inkastätte Chan Chan und auf der anderen Seite von Trujillo liegt eine noch ältere Stätte der Prä-Inkas, der Huaca de la Luna (Tempel des Mondes).

Ich wollte mich in Huanchaco etwas auskurieren und wählte dafür ein Hostel direkt an der Küste mit seinem schönen Strand. Von meinem Zimmer aus konnte ich die Wellen des Ozeans hören und sehen. Das Surf Hostel Meri bot alles, was ich brauchte: Ruhe!

Huanchaco ist als Ferienort bei den Peruanern sehr beliebt. Sie flüchten während der Feriensaison aus den Städten an den dortigen Strand. Den kann man in Huanchaco allerdings innerhalb von eineinhalb Stunden ablaufen, er ist also nicht besonders groß.

Der Strand von Huanchaco – einer der kürzesten Strände im Norden Perus.

Wer in dieser Gegend ist, sollte sich die oben genannten Prä-Inkastätten anschauen, gerade weil sich hier kaum Touristen blicken lassen. Zuerst fuhr ich zum Huaca de la Luna. Interessant ist, dass dieser Tempel bereits im 3. – 8. Jahrhundert nach Christus entstand und erst seit 1995 für Besucher geöffnet ist. Vorher gab es kein Geld zur Erforschung des Tempels und sein Zerfall war schon weit fortgeschritten. Spaßeshalber ein Vergleich mit Machu Picchu: Diese Anlage wurde 1901 entdeckt und bereits in den 20er Jahren gab es die ersten Besucher. Heute sind es Tausende!

Vor dem Huaca de la Luna gibt es ein kleines, aber schönes Museum, in dem gut erhaltene Ausstellungsstücke zu sehen sind. Den Tempel kann man mit einem Guide besichtigen, der seine Geheimnisse erklärt. Besonders erstaunlich sind die Farben an den Wänden, sie sind tatsächlich noch die Originalfarben des Tempels.

Nebenan findet man noch den Huaca del Sol, der aber während meines Besuchs nicht geöffnet war, da zu dieser Zeit Ausgrabungen stattfanden. Wer diesen Tempel besichtigen möchte, sollte noch ungefähr 20-25 Jahre mit der Flugbuchung warten, denn solange wird es vermutlich noch dauern, bis er wieder für Besucher geöffnet ist.

Der Huaca del Sol – eine der Prä-Inkastätten in Peru

Das Moche Pyramiden-Museum zum Huaca de la Luna und Huaca del Sol

Auf dem Rückweg besuchte ich Chan Chan, die Hauptstadt des präkolumbischen Chimú-Reiches. Chan Chan entstand um 1300 und war zu seiner Zeit mit circa 60.000 Einwohnern wahrscheinlich die größte Stadt Südamerikas. Interessant ist, dass Chan Chan aufgrund seiner Bauweise von den Inkas rein militärisch nicht erobert werden konnte. Aber die Inkas waren erfinderisch, verlegten den lebensspendenden Fluss und trockneten sie somit aus. Heute ist nur noch der Palast von Chan Chan zu besichtigen. Er ist einer von neun Palästen, die anderen acht sehen jedoch nur noch aus wie ein paar Erdhügel. Durch die Erderwärmung regnet es jetzt hier häufiger und das Wasser beschädigt die Lehmziegel. So sieht es aus, als ob die Mauern der Gebäude schmelzen würden.

Die Mauern von Chan Chan scheinen zu schmelzen.

Ecuador

Mein vorletztes Ziel: Ecuador. Quelle: OpenStreetMap und Mitwirkende, CC BY-SA

Cuenca – die Stadt des Panamahutes

Nach Cuenca im Süden Ecuadors verschlug es mich eher durch einen Zufall, da nur von dort aus ein Bus nach Macas – meinem nächsten Ziel – fuhr. Cuenca gefiel mir gleich bei meiner Ankunft, obwohl ich von der mehr als 900 Kilometer langen Anreise aus Lima etwas erschöpft war. Meine Hotelwahl fiel auf eine Absteige an der Ecke Traqui/Bolivar. Sie war sauber, bot WLAN und kostete nur 6 US-Dollar die Nacht. Als ich mich ins Bett legte, wusste ich warum – die Matratze war steinhart! Übrigens wird in Ecuador alles in US-Dollar bezahlt, das ist dort die offizielle Währung.

Nachdem ich mich etwas in Cuenca umgesehen hatte, beschloss ich, ein paar Tage hier zu bleiben. Die Stadt bietet dem Besucher einiges, zum Beispiel viele Kirchen und alte Häuser aus der Kolonialzeit. Besonders schön fand ich die alte Kathedrale „Iglesia del Sagrario", die mich mit ihren blauen Kuppeln und ihrer Größe sehr beeindruckte. Alle anderen Kirchen sind in der Innenstadt verteilt und auch sehenswert.

Die Kathedrale „Iglesia del Sagrario" von Cuenca – die blauen Kuppeln sind leider nur von der anderen Seite zu sehen.

Neben den üblichen Sehenswürdigkeiten ist das allgegenwärtige Handwerk in Cuenca auffallend – fast an jeder Ecke konnte ich Schreinern, Elektrikern, Hutmachern, Schneidern usw. bei der Arbeit zusehen. Oftmals reparieren und verkaufen sie Geräte, die es bei uns schon seit Jahrzehnten nicht mehr gibt.

Werkstätten finden sich hier an jeder Ecke.

Ein weiteres Highlight in Cuenca sind die Panamahüte, dort werden die meisten in ganz Ecuador gefertigt. Die alte Hutmachertradition kann man in dem firmeneigenen Museo del Sombrero de Paja Toquilla begutachten. Leider ist das Museum nicht besonders schön, aber die Besucher können einen kleinen Blick auf die Maschinen werfen. Die Hüte sehen sehr schön aus und sind dazu noch preiswert! Also, wer mal hier vorbeikommt, kann sich günstig mit Panamahüten eindecken.

Im firmeneigenen Museum kann man sehen, wie Panamahüte gefertigt werden.

Die grüne Hölle von Macas

Als Nächstes hieß es für mich ab in den Dschungel! Ich fuhr in die kleine Stadt Macas. Macas liegt recht abgelegen und die Busse fahren entweder von Cuenca oder Banos/Puyo aus dorthin. Nach einer anstrengenden siebenstündigen Fahrt durch die Nacht empfing mich eine gesichtslose Stadt. Macas hat rein gar nichts zu bieten und das Einzige, was sich dort anzuschauen lohnt, ist die Kirche Virgen Purísima, die hoch über der Stadt thront. Von dort soll man einen tollen Ausblick haben, was mir leider durch das schlechte Wetter verwehrt war.

So lief ich lieber durch die Straßen und suchte mir eine Agentur, um eine Tour in den Dschungel zu buchen. Schließlich landete ich bei Rafael Telcan und seiner Schwester Alexandra. Sie erzählte mir fast alles über die Tour auf Spanisch und ich verstand daher nur die Hälfte – egal, es würde schon klappen. Raphael würde mir zwei Tage lang den Dschungel zeigen. Da er zum Stamm der Shuar gehörte, würde ich mit ihm auch kurz sein Dorf besuchen. Als kleines Highlight wurde mir Tubing versprochen, sprich, wir würden auf einem aufgeblasenen LKW-Schlauch flussabwärts zu fahren. Am dritten Tag würde mich Alexandra abholen und mir einen Wasserfall im Dschungel zeigen, bevor es wieder nach Macas zurückging.

Auf in den Dschungel!

Am nächsten Morgen starteten wir um sieben Uhr. Wir fuhren in das kleine Shuar-Dorf Buena Esperanza. Dort übergab mich Alexandra ihrem Bruder Raphael. Raphael war ein Idealist und hatte sich 30 Hektar Dschungel gekauft, um dort zu leben und den Wald vor der Abholzung zu schützen. Er wollte später noch mehr Dschungel dazukaufen, aber das Geld lag hier wirklich nicht auf der Straße.

Zusammen liefen wir gute 2,5 Kilometer durch den an Buena Esparanza grenzenden Dschungel, bis wir zu einem Fluss kamen. Von dort aus fuhren wir mit dem Kanu noch 15 Minuten bis zu seiner Hütte mitten im Grün des Dschungels. Dort besichtigten wir zu Fuß die nähere Umgebung. Es gab Bäume, die Wurzeln mit bis zu 30 Metern Länge hatten und sehr hoch waren. Als Raphael früher einmal dringend Geld benötigte, wollte er ein paar der Bäume fällen lassen, aber das bekamen Gäste von ihm mit und kauften ihm die Bäume ab. Dafür erhielt jeder Baum ein Namensschild seines Besitzers und blieb so dem Dschungel erhalten. Tolle Idee!

Das Dschungelcamp von Raphael

Am Nachmittag fuhren wir erneut mit dem Kanu und liefen ein weiteres Stück durch den Dschungel. Übrigens geht das ohne Gummistiefel nicht – der ganze Boden besteht während der Regenzeit aus Matsch. Das Laufen in Gummistiefeln ist übrigens reichlich anstrengend und gewöhnungsbedürftig. Wir wanderten 100 matschige Höhenmeter den Dschungel hinauf. Hinzu kamen noch die Höhe und die Luftfeuchtigkeit von gefühlten 500 Prozent unter der Regenjacke! Der erste Tag der Dschungelexpedition hatte es also in sich.

Unser Kanu

Am zweiten Tag fuhren wir mit T-Shirt, langer Hose und Gummistiefeln bekleidet auf einem LKW-Reifenschlauch den Fluss hinunter – die Profis nennen das Tubing. Diese Querfeldeintour durch den Dschungel machte richtig Spaß und sah bestimmt auch für Zuschauer lustig aus. Übrigens kamen wir mitten im Dschungel durch ein Meer von Begonien – meine Mama wäre entzückt gewesen!

Am dritten Tag war ein Wasserfall unser Ziel. Zum Glück hatte es die ersten zwei Tage nicht geregnet, doch jetzt goss es in Strömen. Der Wasserfall lag mitten im Nichts und bei schönem Wetter kann man dort in zwei Pools schwimmen. Ich verzichtete darauf, wobei ich eigentlich gleich samt Gummistiefeln hätte hineinspringen können, die waren durch den starken Regen ohnehin voller Wasser.

Ein Wasserfall mitten im Nirgendwo

Kaum zurück in Macas, nahm ich den nächsten Bus nach Puyo. Durch diesen Zwischenstopp musste ich am nächsten Morgen auf der Fahrt nach Papallacta nicht so lange im Bus sitzen. Die Fahrt von Macas nach Puyo war klasse: Der Bus schraubte sich langsam die Serpentinen hinauf und die Aussicht über den Dschungel wurde noch von einem Vulkan im Hintergrund gekrönt. Wer hier entlangfährt, sollte sich unbedingt einen Platz auf der linken Seite des Busses sichern!

Die Therme von Papallacta

Wer kennt Papallacta? Einheimische, Kolumbianer und teure deutsche Reise-agenturen, wie ich feststellen durfte. Papallacta liegt circa eineinhalb Bus-Stunden von der Hauptstadt Quito entfernt, ein Besuch ist von dort aus als Tagestrip möglich. Ich kam allerdings direkt aus dem Dschungel und war somit über sechs Stunden von Puyo mit dem Bus unterwegs gewesen. Die Fahrt war wunderbar, denn die Straße führte durch den Dschungel und die Aussicht war traumhaft. In Papallacta angekommen stellte ich fest, dass das Dorf kleiner war, als ich gedacht hatte. Kein Geldautomat, keine Wäscherei, die ich nach dem Dschungel dringend benötigt hätte. Gerade mal zwei Hotels gab es in dem Ort und die waren mir zu teuer. Also setzte ich mir meinen Rucksack wieder auf und weiter ging's zum eigentlichen Ziel, der Therme von Papallacta.

Auf der Straße zu den Thermalbädern lag eine Hospedaje (Hostel), in der ich für 7 US-Dollar ein Bett bekam und abends noch lecker Forelle essen konnte. Die Bäder sollten eigentlich nur ein kleines Stück weiter oben an der Straße liegen, aber es waren dann doch noch drei Kilometer zu laufen und es ging nur bergauf. Bergauflaufen ist eigentlich nicht so schlimm – außer man muss es in 3.200 Metern Höhe tun.

Ein teures Hotel direkt vor den Thermalbädern

Per Anhalter kam ich in Südamerika meistens gut und günstig an mein Ziel, so auch in diesem Fall. Es gab mehrere Bäder vor Ort und ich entschied mich für das mit den besten Kritiken, was preislich übrigens keinen Unterschied mach- te. In dem Thermalbad badete ich in verschiedenen Pools mit Wassertempera- turen zwischen 36° und 40°. Die Anlage sah gepflegt und modern aus und das Relaxen unter Trompetenbäumen und Amaryllis machte richtig Spaß. Rund- weg empfehlenswert!

Das wunderschöne Thermalbad

Per Anhalter über die Andenstraße nach Quito

Als ich morgens um 6:30 Uhr an der Bushaltestelle vor Papallacta wartete, hielt plötzlich ein Auto und der Fahrer fragte mich, ob er mich mit nach Quito nehmen sollte. „Na klar", dachte ich „besser im Auto fahren als im Bus." – außerdem gefiel mir die Musik, die aus dem Auto schallte. Edward, der Fahrer, wollte etwas Unterhaltung haben, allerdings war mein Spanisch nicht das Bes- te. Wir verständigten uns trotzdem ganz gut. Er erzählte mir, dass er bei der Armee Ausbilder für den Dschungel sei und Motocross und Rallys fahre. Letz- teres ließ mich in Richtung Tacho blinzeln, der bereits 160 km/h anzeigte. Der gute Edward war ganz schön schnell unterwegs, auch beim Überholen und das auf einer nassen, kurvenreichen Andenstraße.

Was soll ich sagen, unsere Fahrt dauerte nur 30 Minuten. Plötzlich trafen wir auf eine scharfe Kurve – die Kreuze an der Seite warnten davor – und ab ging's. Der Gegenverkehr wich uns geistesgegenwärtig aus und nach drei oder vier Pirouetten rammten wir die Betonabgrenzung der Straße, so dass gleich noch eine weitere Drehung dazukam. Als das Auto endlich stillstand, stieg Edward aus, um die Schäden zu begutachten. Viel schien zunächst nicht kaputt zu sein, ein paar Beulen und Kratzer, dann die Felgenkappe vorne rechts wieder drauf gesteckt und weiter ging die Fahrt. Dachten wir zumindest, aber ich merkte schnell, dass vorne rechts die Achse etwas abbekommen hatte. Nach weiteren 50 Metern begriff auch Edward, dass sich der Nissan nicht mehr lenken ließ. Uns war Gott sei Dank nichts passiert, aber so wie es aussah, war die Aufhängung der Lenkstange gebrochen.

Das Auto sah nach unseren unfreiwilligen Drehern eigentlich noch ganz gut aus.

Wir stoppten ein Auto, das uns bis zum nächsten Dorf mitnahm. Edward wollte sich um einen Mechaniker kümmern und ich mich um einen Bus nach Quito. Das mit dem Bus dauerte jedoch etwas. Als er endlich kam, erreichte ich vier Stunden später gesund und munter die Hauptstadt von Ecuador.

Quito

Und wieder eine Großstadt und dazu noch Regen, Regen und noch mal Regen!
Die Altstadt war immerhin nett anzusehen mit ihren alten Häusern, Kirchen
und Klöstern.

Die Altstadt von Quito

Nachdem ich mich über die Busverbindung zu meinem nächsten Ziel Popayan
in Kolumbien erkundigt hatte, lief ich auch durch die Neustadt. Dort war eine
lange Straße für Autos gesperrt und wurde als Fahrradmeile genutzt. Die Einwohner nahmen dieses Angebot gerne an und es herrschte Hochbetrieb. In den
Parks von Quito trafen sich die Menschen, um draußen etwas zusammen zu
unternehmen, jedoch wurden sie genauso wie ich gegen Mittag vom strömen-
den Regen vertrieben.

In den Parks treffen sich die Einwohner von Quito in ihrer Freizeit.

Ich blieb drei Tage in der Stadt, konnte wieder einmal selbst in der Hostel-Küche kochen und genoss meine Nudeln mit Tomatensoße. Endlich mal kein „Pollo" (Hühnchen), Kartoffeln, Linsen oder andere fettige Speisen von der Straße.

Nun musste ich mich endlich um die Einreise nach Australien kümmern – einem meiner nächsten Reiseziele. Das funktionierte einfach und bequem über das Internet, nach 24 Stunden hatte ich bereits per E-Mail die Einreise-Bestätigung. So nutzte ich die restliche Zeit und schrieb ein paar Anfragen über Couchsurfing.org für ein Bett in Kolumbiens Hauptstadt Bogotá. Im Hostel traf ich noch eine Deutsche, mit der ich an einem der Regentage die neuesten Nachrichten aus Deutschland und den letzten Tatort auf meinem Laptop ansah. So bekommt man auf Weltreise einen Regentag herum.

Kolumbien

Last but not least: Meine Reiseziele in Kolumbien. Quelle:
OpenStreetMap und Mitwirkende, CC BY-SA

Popayan

Popayan ist ein schönes Städtchen. Die Häuser sind weiß getüncht und dazwischen stehen einige Kolonialbauten. Ich setzte mich an die Plaza und schaute dem Treiben zu. Die Menschen waren nett und ich fühlte mich wohl.

Weiß getünchte Häuser und Kolonialbauten in Popayan

Kolumbien ist ein sicheres Reiseland, solange man nicht ins „Schneegeschäft" einsteigen will, da hätten die Drogenbosse vor Ort etwas dagegen. Und endlich gab es anständigen Filterkaffee – das erste Mal in Südamerika! Kolumbien ist ja schließlich auch berühmt dafür. In den zahlreichen Cafés probierte ich den kolumbianischen Bohnenkaffee und aß dazu ein Stück Käsekuchen oder einen Muffin. Auch die Einheimischen trafen sich dort zur Kaffeepause.

Am Abend fand eine Prozession statt, die nur von Kindern gestaltet wurde. Ob das Ganze noch etwas mit den Osterfeiertagen vor ein paar Tagen zu tun hatte, bekam ich zwar nicht eindeutig heraus, jedoch zeigten die getragenen Jesusdarstellungen den Kreuzweg und ich glaube auch die Wiederauferstehung Christi. Für mich eine schöne Abendvorstellung.

Eine Prozession durch die Stadt, gestaltet von Kindern

Kaffee in Bogotá und eine Kathedrale aus Salz

Meine letzte Station in Südamerika war Kolumbiens Hauptstadt Bogotá. Dort betrieb ich zur Abwechslung mal wieder Couchsurfing und hatte sogar mein eigenes Zimmer! Für meinen Host Maria war ich der erste Couchsurfer und wahrscheinlich eine gute Werbung für das Couchsurfing, da ich ein braver und anständiger Gast war.

Irgendwie erinnerte mich Bogotá an Johannesburg, denn die Häuser sind dort ebenfalls mit Mauern, Stacheldraht und einem elektrischen Zaun gesichert. Auch ein Wachdienst am Eingang ist dort üblich. In Johannesburg ist die Sicherung von Wohngebäuden noch etwas strikter als in Bogotá und die Mauern sind höher, aber der Vergleich hält stand.

Alle paar Meter stehen riesige Einkaufszentren, in denen sich die Kolumbianer gerne aufhalten. Maria und ich besuchten am ersten Tag eines davon und liefen noch etwas in der Umgebung herum. Dort war alles mit Bars und Restaurants gespickt.

Am nächsten Tag fuhren wir mit einer Gondel auf den Berg Monserrate, um die Stadt von oben zu bewundern. Leider war es etwas bewölkt und so wurden die Fotos nicht besonders gut. Ich konnte jedoch von dort aus die Größe dieser Mega-City erkennen – Bogotá zählt etwa 7 Millionen Einwohner!

Unsere Gondelfahrt auf den Berg Monserrate

Der Weg dorthin führte etwas aufwärts und ich merkte beim Aufstieg, dass die Stadt etwa 2.600 Meter hoch liegt, oben angekommen waren es sogar 3.170 Meter. Anschließend besuchten wir noch das Goldmuseum, in dem altes, geschmiedetes Inka-Gold ausgestellt wurde.

Am darauffolgenden Sonntag, meinem letzten Tag in Südamerika, machten wir uns früh morgens auf zu einer Zugfahrt mit einer Dampflokomotive nach Zipaquira. Die Zugfahrt mit einer alten Dampflock aus den USA war klasse und bei der langsamen Fahrt konnte ich die Schönheit des Umlands genießen.

Die alte Dampflok aus den USA mitten in Bogotá

In Zipaquira gibt es eine alte Salzmine, die in eine <u>Kathedrale aus Salz</u> verwandelt wurde – ein wirklich skurriler und spektakulärer Ort! Auf dem Weg ins Innere kamen wir ständig an kleinen, beleuchteten Altären vorbei. Die Kathedrale ist riesig, allein das Kreuz am Hauptaltar ist 85 Zentimeter tief (es ist ausgehöhlt). Die geschickte Illumination schafft eine ganz eigene, fast schon magische Atmosphäre in der Kathedrale. Der Ausflug dorthin ist zwar total touristisch, aber scheinbar wird dieses Angebot fast ausschließlich von Kolumbianern genutzt, denn es waren wenig Europäer dort. Mir hat es Spaß gemacht.

Das riesige Kreuz in der ehemaligen Mine

Nachdem ich vom Ausflug zurück in Bogotá war, packte ich meine sieben Sachen und Maria zeigte mir den Bus zum Airport. Am Flughafen gab es Probleme beim Einchecken, die aber zu Glück nach einer halben Stunde gelöst werden konnten. Der Flughafen ist schlecht organisiert und da nur zwei Schalter für den Sicherheitscheck vorhanden waren, dauerte alles Ewigkeiten. Was sollte es, ich hatte es bis hierher geschafft und das war das Wichtigste!

Mein Reisefazit zu Südamerika

So, nun war es soweit und ich verließ Südamerika. Ich hatte in den letzten dreieinhalb Monaten viel, sehr viel gesehen und erlebt und wollte das alles nicht missen. Ein tolles Jahr hatte in Brasilien angefangen, wo ich wegen der hohen Lebenshaltungskosten nur zehn Tage verbracht hatte. Silvester in Rio war chaotisch und völlig überfüllt, aber ein echtes Erlebnis.

Die Wasserfälle von Iguazú haben mir auf der argentinischen Seite besser gefallen – man fühlte sich einfach mehr in der Natur und die Besucherbereiche dort waren schöner angelegt. Buenos Aires war im Nachhinein für mich die schönste Stadt in Südamerika.

Der Süden von Südamerika hatte es mir mehr angetan als der Norden. Dort gibt es tolle Nationalparks und Landschaften und viel frische Luft. Meine persönlichen Highlights waren das Wandern im Torres del Paine und auf dem Gletscher Perito Moreno.

In den Anden gefiel mir das Hochland von Bolivien am besten. Zu den Kosten muss ich sagen, dass ich meine eingeplanten 33 Euro pro Tag im Durchschnitt einhalten konnte, obwohl der Süden sehr teuer war.

Leider hatte ich nie das Gefühl richtig anzukommen, aber wahrscheinlich war ich einfach mit falschen Vorstellungen nach Südamerika gekommen: Des Spanischen bin ich kaum mächtig und was ich dort lernte, reichte bei Weitem nicht aus, um mich mit den Menschen richtig zu unterhalten. Ich denke, dass dies der wichtigste Grund war, warum ich mich in Südamerika manchmal nicht so richtig wohl gefühlt habe. Die Zeit war toll hier, ich habe all das gemacht, was ich mir vorgenommen hatte. Fazit: Ich war gesund und munter und wurde weder überfallen noch bestohlen.

Ab diesem Zeitpunkt lagen noch gute acht Monate Reise vor mir. Der Flieger nach Sydney stand bereit und schon zwei Wochen später flog ich nach Indonesien weiter. Es lagen noch viele interessante, neue Länder, Orte und Bekanntschaften vor mir. Ich freute mich schon darauf!

¡adiós sur americano!

Alle Interessierten können natürlich auch weiterhin meine Reiseetappen hautnah miterleben. Die nächsten Bücher sind bereits in Planung.

Links

Weltreise-Info: http://www.weltreise-info.de/

Wasserfälle von Iguazú: http://de.wikipedia.org/wiki/Iguaz%C3%BA-Wasserf%C3%A4lle

Nationalpark Iguazú: http://www.iguazuargentina.com/

Hauptstadt Argentiniens: http://de.wikipedia.org/wiki/Buenos_Aires

Terminal de ómnibus de Retiro: http://de.wikipedia.org/wiki/Busbahnhof_Retiro

Friedhof Recoleta: http://de.wikipedia.org/wiki/Friedhof_La_Recoleta

Bar 878: http://www.878bar.com.ar/

Ushuaia: http://de.wikipedia.org/wiki/Ushuaia

Erratic Rock Hostel: http://www.erraticrock.com/

Weltreiseforum: http://www.weltreise-info.de/

Tapati-Festivals: http://www.rapanuitapati.com/

Bodega Navarro Correas: http://www.ncorreas.com/

leckerer Nudelsalat: http://www.overlandtour.de/xxxl-scharfer-nudelsalat/

Hostal del Sol: http://www.hostaldelsolsalta.com.ar/

Fauna Andina Eduardo Abaroa:

http://de.wikipedia.org/wiki/Reserva_Nacional_de_Fauna_Andina_Eduardo_Abaroa

Salar de Uyuni: http://de.wikipedia.org/wiki/Salar_de_Uyuni

Convento de Santo Domingo: http://de.wikipedia.org/wiki/Coricancha

LOKI-Party-Hostel: http://www.lokihostel.com/cusco

Wild Rover Hostel: http://wildroverhostels.com/

Machu Picchu: http://www.machupicchu.gob.pe/

Huayna Picchu: http://de.wikipedia.org/wiki/Huayna_Picchu

Surf Hostel Meri: http://www.german.hostelworld.com/hosteldetails.php/Surf-Hostel-Meri-former-Hostal-Lily/Trujillo/45167

Thermalbad: http://www.termaspapallacta.com/?lang=de

Couchsurfing: Couchsurfing.org

Kathedrale aus Salz: http://www.catedraldesal.gov.co/

Bildnachweis

Alle Bilder innerhalb dieses Buches stammen von:

• Jens Lüdicke

• OpenStreetMap und Mitwirkende, CC BY-SA

www.openstreetmap.org

Lesetipps

Lust auf mehr Reiseabenteuer? Hier finden Sie weiteren spannenden Lesestoff aus unserem GRIN & Travel Programm:

Arabien - Der Weltreise erster Teil

von Fabian Pitzer

Jetzt kaufen auf travel.grin.com.

Der Foto-Blogger Fabian Pitzer und seine Kamera waren auf Weltreise. Sein erstes großes Ziel war Arabien. In diesem Buch schildert er seine ganz persönlichen Eindrücke aus Ägypten, Jordanien und Syrien und zeigt mit seinen kraftvollen Bildern bekannte und unbekannte Orte dieser Länder. Dabei stehen weniger die üblichen Sehenswürdigkeiten im Vordergrund, sondern vielmehr unberührte Stätten jenseits der klassischen Touristenpfade. Mit ausdrucksstarken Porträts zeigt Fabian Pitzer ganz authentisch die Menschen, ihre Kultur und ihre Art zu leben – und bezieht an der ein oder anderen Stelle sehr deutlich Position, wie es ihm als Mitteleuropäer in Arabien erging. Pitzers weitere Reiseziele waren Indien und Südostasien, die er in eigenen Bänden bei GRIN & Travel beschrieben hat. ISBN: 978-3-656-31577-3

Indien - Der Weltreise zweiter Teil

von Fabian Pitzer

Jetzt kaufen auf travel.grin.com.

Der Foto-Blogger Fabian Pitzer und seine Kamera waren auf Weltreise. Sein zweites großes Ziel war Indien. In diesem Buch schildert er seine ganz persönlichen Eindrücke aus diesem Land und zeigt mit seinen kraftvollen Bildern bekannte und unbekannte Orte dieses riesigen Staates. Dabei stehen weniger die üblichen Sehenswürdigkeiten im Vordergrund, sondern vielmehr unberührte Stätten jenseits der klassischen Touristen- pfade. Mit ausdrucksstarken Porträts zeigt Fabian Pitzer ganz authentisch die Men- schen, ihre Kultur und ihre Art zu leben – und bezieht an der ein oder anderen Stelle sehr deutlich Position, wie es ihm als Mitteleuropäer in Indien erging. Pitzers weitere Reiseziele waren Arabien und Südostasien, die er in eigenen Bänden bei GRIN & Travel beschrieben hat. ISBN: 978-3-656-31578-0

Südostasien – Der Weltreise dritter Teil

von Fabian Pitzer

Jetzt kaufen auf travel.grin.com.

Der Foto-Blogger Fabian Pitzer und seine Kamera waren auf Weltreise. Sein drittes großes Ziel war Südostasien. In diesem Buch schildert er seine ganz persönlichen Eindrücke aus Thailand, Laos, China, Taiwan, Vietnam, Kambodscha und Myanmar und zeigt mit seinen kraftvollen Bildern bekannte und unbekannte Orte dieser Länder. Dabei stehen weniger die üblichen Sehenswürdigkeiten im Vordergrund, sondern vielmehr unberührte Stätten jenseits der klassischen Touristenpfade. Mit ausdrucksstarken Porträts zeigt Fabian Pitzer ganz authentisch die Menschen, ihre Kultur und ihre Art zu leben – und bezieht an der ein oder anderen Stelle sehr deutlich Position, wie es ihm als Mitteleuropäer in Südostasien erging. Pitzers weitere Reiseziele waren Arabien und Indien, die er in eigenen Bänden bei GRIN & Travel beschrieben hat. ISBN: 978-3-656-31579-7